文化吉林

舒蘭卷

弘揚長白山文化
打響吉林特色地域文化品牌

王儒林

　　吉林有文化，而且吉林文化有底蘊、有潛力、有特色、有希望。從前郭縣王府屯距今約一百萬年的石製工具到距今十六萬年的樺甸仙人洞和距今三萬年的榆樹人，從燕趙文化東進到漢武帝設四郡，從扶餘、高句麗、渤海文明的興衰更替到遼金、清朝問鼎中原，從抗日烽火、解放硝煙到新中國老工業基地的紅色記憶，從二人轉、吉劇、長影到吉林期刊、吉林歌舞和吉林電視劇現象，勤勞智慧、淳樸善良、勇於開拓的吉林人民在白山松水間創造出絢麗多彩的地域文化，成為中國文化版圖上一道獨特風景。

　　文化與山素來結緣，正如泰山之於魯，嵩山之於豫，黃山之於皖，長白山是吉林的象徵、吉林的品牌。吉林文化始終與長白山難捨難分、血脈相連，集中體現於長白山文化之中。長白山文化發源和根植於吉林沃土，是包容吉林各民族文化、蘊含吉林發展歷史、反映吉林人性格特質、凸顯吉林氣派的「大文化」，是中華民族「多元一體」文化的重要組成部分，源遠流長、博大精深，構成了吉林文化的骨骼和脊梁。在地域文化越來越受到人們關注、文化軟實力越來越成為衡量一個地區核心競爭力的重要指標的當今時代，大力弘揚作為吉林文化標誌性符號的長白山文化，把這份寶貴的文化資源保護好、挖掘好、利用好、開發好，對於打響吉林特色地域文化品牌，鑄造極具時代內涵的吉林精神，提升吉林文化軟實力，凝聚吉林改革發展正能量，無疑具有十分重要的現實意義。

近年來，我省大力推進以優秀吉林地域文化為主要內容的長白山文化建設，出台了《長白山文化建設規劃綱要》，啟動實施了長白山文化建設工程，在長白山文化資源保護研究、挖掘整理、開發利用等方面做了大量工作，取得了顯著成績。我們要進一步加強長白山文化理論研究，豐富長白山文化內核和外延，進一步加強長白山文化遺產的發掘、保護和展示推介力度，擴大長白山文化的影響力，進一步加強對長白山文化內涵的拓展和提升，把長白山文化資源更好地轉化為文化產品、文化事業和文化產業，推動長白山文化建設躍上新台階，推動吉林文化大發展大繁榮，為實現富民強省目標、中華民族偉大復興、中國夢做出貢獻。深入挖掘、研究、整理長白山歷史文化，既是一項宏大浩繁的系統工程，又是一項功在當代、利在千秋的基礎工程。希望有更多有識、有志之士投身長白山文化建設事業，讓這份寶貴的文化資源更好地服務於當代，惠澤於未來。

　　由省委宣傳部組織編撰的《長白山文化書庫》系列叢書，是長白山文化建設工程的重要標誌性成果。叢書從基礎研究、地方特色、主要藝術門類三部分，對長白山文化的歷史資源進行了全面細緻的挖掘和整理，堪稱長白山文化研究與普及的鴻篇巨製，不僅對研究和宣傳長白山文化大有裨益，而且對培育吉林文化品牌、樹立吉林文化形象也將產生積極的促進作用。在叢書即將付梓之際，謹表祝賀並向全體工作人員致以問候。

主編寄語

莊嚴

　　長白奇迤蘊靈秀，松江悠長毓文傑。千百年來，雄渾壯美的白山松水賦予了肥沃豐饒的吉林大地以生機和活力，滋養了吉林人民勤勞睿智、堅韌進取、寬容開放的精神品格，積澱了多元融合、底蘊深厚、色彩斑斕的地域文化。這獨具魅力的吉林特色地域文化猶如一株馥鬱芳香的花朵，在中華民族文化百花園中爭妍綻放。

　　文化是經濟發展之根，是社會發展之源。省委、省政府高度重視文化建設，制定出臺了《長白山文化建設規劃綱要》，把吉林省歷史文化資源工程列入宣傳思想文化工作「六大工程」之一。省委宣傳部深入貫徹落實省委、省政府的要求，開展《長白山文化書庫》建設，啟動實施了《文化吉林》叢書編撰工作，將其作為全省宣傳思想文化工作的重要舉措，周密部署，精心組織，強力推進，取得了預期成果，為全省人民奉獻了一份珍貴的精神食糧。

　　《文化吉林》叢書是《長白山文化書庫》中全景展現特色地域文化的重要組成部分。年初以來，我省廣大宣傳文化工作者以對家鄉、對歷史、對文化事業的高度責任感和使命感，不畏繁難，勤勉執著，嚴謹認真，精益求精，在資料收集、遺產挖掘、書稿撰寫等方面付出了大量艱辛的努力，進行了許多開創性的探索和實踐，圓滿完成了這次編撰任務。叢書編撰秉承傳播和弘揚吉林文化的理念，梳理總結吉林文化資源，提煉昇華吉林文化精髓，激發增強吉林人的文化自覺、文化自信，使優秀文化更好地服務於吉林的發展振興。

《文化吉林》內涵豐富，圖文並茂，辭美情摯，引人入勝，是人們認識吉林、瞭解吉林、研究吉林的概覽長卷，是吉林文化走向全國，面向國際的真誠心聲。叢書真實勾勒了吉林文化歲月滄桑的歷史縱深，生動展現了吉林文化多姿多彩的時代律動，帶我們走進吉林地域文化演進的舞臺，親身感受風雲激蕩的文化事件，出類拔萃的文化人物，領略淵深源遠的文化景觀，妙趣橫生的文化傳說，體驗琳琅紛呈的文化產品，淳樸濃郁的文化民俗。叢書將吉林文化的發展脈絡、現狀和未來，客觀詳盡地展現給廣大讀者，是一部能夠讀得進去、傳播開來、傳承下去的佳作精品。

　　鑒往以勵志，展卷當奮發。《文化吉林》這套融史料性、知識性、可讀性於一體的叢書，為我們進一步保護、研究、開發吉林地域特色文化提供了重要史料資源。作為後繼者，當代吉林人有責任、有義務肩負起將吉林文化充分融入社會主義核心價值觀，推動吉林文化發展進步的歷史使命，讓優秀傳統文化在繼承中創新，在創新中前行，在全國文化發展大格局中唱響吉林「聲音」，打造吉林文化品牌，樹立文化吉林形象。

第四章 · 文化景址

第一章 ——

文化發展概述

翻開舒蘭歷史文化的畫卷，那一幅幅色彩斑斕而又氣勢恢宏的畫面便一一呈現，自西團山文化以來，從肅慎到挹婁，從勿吉到靺鞨，從女真到滿族，千百年來，舒蘭這片土地展現出一個民族演進脈絡的文明史。「龍興之地」「皇封貢地」，果實之城——舒蘭，這塊風水寶地孕育了悠久的精神力量和文化底蘊。近代以來，舒蘭文化之花越發開的鮮豔奪目，「果實文化」如火如荼，文化事業突飛猛進，文化成果斐然卓著，這座幸福之城在文化大潮中昂揚闊步。

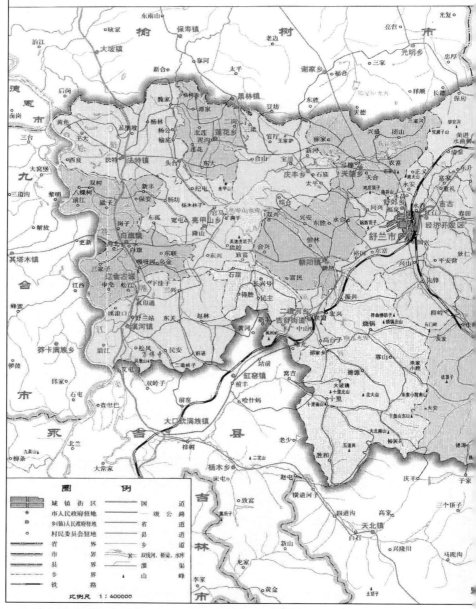

▲ 舒蘭市行政區劃圖

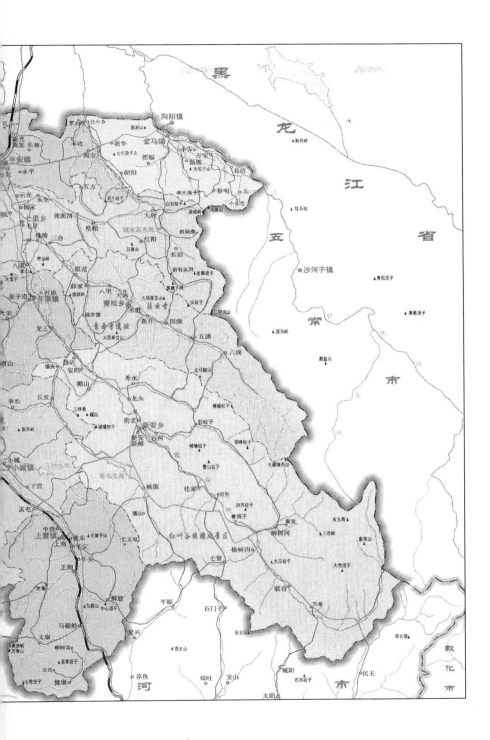

舒蘭位於吉林省的中北部，地理坐標北緯 43° 51′ 到 44° 38′，東經 126° 24′ 到 127° 45′，為省轄縣級市，委托吉林市代管。轄境南與吉林市龍潭區、蛟河市交界，西隔松花江與九台市相望，東北與黑龍江省五常市接壤。全市東西長一〇五公里，南北寬七十七公里，總面積四五五七點〇五平方公里。總人口六十七萬人，其中城鎮人口二十三萬人。

舒蘭歷史源遠流長、文化悠久。據考古文獻記載，法特黃魚圈文化遺址（位於舒蘭法特鎮黃魚村西二百米的珠山上）出土的豆、罐、壺、杯等文物，均屬於新石器時代的「西團山文化」，這就說明早在三千多年前的原始社會後期，舒蘭就有古人類在這裡繁衍生息。據史料記載，大約在西周初至秦漢之交的一千年時間裡，東北土著穢人（屬北亞和東北亞蒙古混合人種）的一支活躍在含舒蘭在內的今松花江中游的廣大地區，從出土的石器得知當時居住在舒蘭的古人類是以農業生產為主，兼營捕魚、狩獵。在之後的歷史長河中，舒蘭歷經肅慎到挹婁，從勿吉到靺鞨，從女真到滿族，一個民族演進的脈絡貫穿了這塊土地的文明史；從石器文化、漁獵文化、游牧文化到農耕文化，都曾在這片土地上打下深深的烙印。

大自然的恩賜催生了「萬物有靈」的意識形態，肅慎人、女真人對這裡的山川、樹木、風雨、彩虹無不崇拜，出現了原始宗教──「薩滿教」。近年來對「薩滿文化」的深入研究，使人們發現了舒蘭文化的血脈。追根溯源，現今的「舒蘭二人轉」「舒蘭鼓吹樂」都在女真部落薩滿的各種儀式裡找到了基因。在這裡，金國丞相完顏希尹、南宋學者洪皓為民族文化融合做出了重要貢獻，多元多流文化的復合嬗變、交融激蕩，孕育了影響久遠的「金源文化」，為後來的滿族迅速崛起提供了持續的精神動力。

到了十七世紀，舒蘭已經成為滿族重要的聚居區。入了關的清王朝為了保護東北「龍興之地」，先後修築了兩條柳條邊牆，舒蘭大部處於「新邊」邊裡，也是柳條邊的終點所在。舒蘭物產豐美，霍倫川、四合川之間方圓數百裡，盛產人參、蜂蜜、松子、山楂、小紅梨等山珍野味，固舒蘭以滿語「果

實」之意而得名。從順治年間開始，舒蘭就被清室皇族劃定為封禁貢山，從此成為清王朝皇封的風水寶地。那時舒蘭境內人煙稀少，野獸麇集，森林茂密，到處都是未開墾的土地。封禁，客觀上起到了生態保護的作用。松花江的舒蘭段，即今溪河鎮四家子村至法特鎮黃魚村，曾是東珠和鱘鰉魚的主產地之一，因而「珠山」和「黃魚圈」成為舒蘭重要的文化遺存。

直到上個世紀初，舒蘭縣設治，原本屬於皇產的山川、林木、田地才陸續出放，歸民自有。關內民眾紛紛「闖關東」，其中一部分人流入土地肥沃、人煙稀少的舒蘭。人口的流動實際上就是文化的流動。「勤勞、冒險、開拓、吃苦」的「闖關東精神」促進了生產力的發展，墾荒、農耕方式刺激了人口的增加，大規模遷徙增進了滿、蒙、漢、朝鮮等民族的大融合，舒蘭成為關內外文化交流的重要區域之一。

從近代開始，舒蘭文化歷經民國時期初建、淪陷時期消沉、解放時期興起、新中國成立初期發展、「文革」時期重創、改革時期復蘇和新世紀繁榮的幾個重要節點。尤其是改革開放以來，舒蘭民間文化、民俗文化、民族文化得

▲ 舒蘭風光

到挖掘、繼承和發展，人民群眾成為舒蘭文化建設的主體力量。舒蘭人才濟濟，英才輩出，雷恩奇、馬輝、金克義、佟傑等一批鄉土新秀捷足詩壇，在《人民文學》《詩刊》《星星》等國家級刊物發表詩歌數百首，在全國產生了廣泛影響，舒蘭遂收獲「詩縣」美譽。舒蘭民間藝術蜚聲海內外，馬淑琴的剪紙，造型優美，刀刻細膩，作品遠銷日本、加拿大等國。音樂、美術、戲劇、書法等創作活動日趨繁榮，舒蘭成為吉林省文化藝術非常活躍的城市之一。

近年來，黨和政府加大了對文化基礎設施建設的投入力度，全力推進文化大院、農家書屋、鄉鎮綜合文化站和文化信息資源共享工程、農民健身工程等文化民生工程建設，使文化設施建設的步伐不斷加快。完顏希尹博物館已全面建成並對外開放。舒蘭建成省內功能最多、設施最完善的縣級市全民文化體育活動中心。新建占地面積六三○○平方米的幸福文化廣場，對體育場進行了改造維修，極大地滿足了城鄉居民文化娛樂生活的需求。加強了農村文化陣地建設，在鄉鎮文化站、村文化大院、文化活動室、農家書屋的基礎建設上投入了較大資金和人力、物力。二○一一年以來，全市建設完成三百平方米標準化鄉鎮綜合文化站十六個；示範性農村文化大院一○二個；農家書屋二一○個；市級文化信息資源共享工程中心一個，鄉級文化信息資源分中心六個，村級文化信息資源共享工程基層服務點三十個；農民健身工程五十一個。全市實施了廣播電視村村通工程，廣播和電視人口覆蓋率分別達到百分之九十五和百分之九十一點七，有線電視節目新增四十一套，實現了縣鄉光纖聯網。實施了圖書館、文物館、檔案館「三館」建設和文化廣場、體育場等一批文化建設項目。

為加快推動舒蘭經濟社會轉型發展，舒蘭積極培育「幸福文化」，打造「果實文化」。「幸福舒蘭大家唱」群眾文化活動如火如荼，「文藝走基層」「文化三下鄉」「優秀傳統文化進校園」，《細鱗河》《果實文化系列叢書》等一大批精品力作，讓城鄉群眾在文化氛圍中享受幸福、感受快樂。「馬氏剪紙」「舒蘭鼓吹樂」等一批非物質文化遺產得到保護，完顏希尹家族墓地被列為國家級重點文物保護單位而煥發青春。舒蘭首創嗩吶演奏吉尼斯紀錄，打造東北攝影

基地，宣傳推介「舒蘭八景」，助推文化產業起飛，提升舒蘭文化的影響力。

如今，舒蘭正在經歷社會主義先進文化大潮的洗禮，如同「舒蘭」這個名字一樣，象徵豐茂的枝葉，豐碩的果實。這座「果實之城」必將沐浴春風，走向未來。

第二章

文化事件

舒蘭坐落在美麗的松花江畔。歲月的長河在緩緩流淌，在時空中沉澱，見證著滄桑巨變。從西團山文化至撤縣設市，到富足的果實之城，斗轉星移，在這片廣袤的大地上，一代又一代的人們用勤勞和智慧為人類社會的進步與發展留下了豐富的物質遺產和精神財富。這裡有勞動人民與惡勢力抗爭的吶喊和奮鬥，這裡有改造大自然的靈智和創造，這裡有開拓美好生活的汗水和悲喜，這裡有憧憬未來的理想和追求……一處處歷史遺跡、一樁樁感人的歷史事件，詮釋了舒蘭人民勤勞勇敢、不屈不撓、自強不息的奮鬥經歷，描繪了一幅壯麗的歷史畫卷。

舒蘭被確立為皇家貢地

千百年來，東北土著和歷史學家對舒蘭這塊地域都不陌生，雖然它只是作為一個驛站、河流、卡倫的名稱出現，然而，史冊中有點點滴滴的線索可供查詢，這是一個物華天寶的地方。從兩三千年前開始，肅慎人居住過、濊貊人居住過、扶余人居住過、鮮卑人和勿吉人的疆域也曾抵達這裡，女真人從西元九世紀開始在本地崛起並且永久性地開墾了它。舒蘭，因此而處於厚重的歷史文化積澱之中。

在大多數朝代，舒蘭的山是貢山，舒蘭的水是貢水，舒蘭的土地是貢地，舒蘭的米是貢米，舒蘭驛站通往關內的長長驛路上，彌漫著歷代朝貢者不舍晝夜的塵煙。直至二十世紀初，舒蘭縣設治，原本屬於皇產的山川、林木、土地才陸續出放，歸民自有。新中國成立後，人民當家做主，在自己的土地上揮灑建設熱情。尤其是改革開放撤縣設市以來，舒蘭實現了物阜民豐的願望，六十七萬人民品嘗到希望之樹結下的甘美「果實」。

驛路運來的小城

「舒蘭」二字為滿語，大體上是「蘇勒赫」的發音轉化而來，當然不同含義發音不盡相同。具體含義有以下三種說法：一是「果汁」，文獻中曾有記載是由舒蘭河（今溪河鎮溪浪河）得名，並猜測「蓋河水之甘似之」；二是「果實」之意；三是指「梨」。我們能夠從史料中查清的是，「舒蘭」之名最早為河流、驛站和卡倫，而它們均地處平原，無林無果，似應以第一種說法為准。但「果實」一詞已被廣泛應用，與「舒蘭」這兩個漢字本身所帶有的詩意和韻律也算格調搭配。

作為一個城市，舒蘭與其他城市不同，它可以稱得上是驛路運來的。不光境內的鰉魚、東珠、人參等皇家貢品是由驛路一站一站地運送到京城的，城市

的名字也起源於驛路上的一個驛站。這條驛路就是金代由上京會寧府（今阿城）到東京遼陽府（今遼陽）的主幹線，歷經元明兩朝不曾廢棄，到了清代康熙年間，驛路進行了大規模的修繕，成為由吉林烏拉西北行至卜奎（今齊齊哈爾）的驛道，也就是現在的二○二國道。而這個名垂百年的驛站，就在今溪河鎮北約一點五公里，名為舒蘭河站，如今是一個很知名的富庶村莊。

從貢地到民地，舒蘭這塊土地的面容在歷史的濃霧中逐漸清晰起來。清咸豐十年（1860 年），吉林將軍景淳奏准開發舒蘭平原三十萬畝土地。以此為標誌，長期封禁的舒蘭地域開始弛禁，土地開始廣泛開發利用。隨著河北、山東等關內流民如潮水般湧入東北，舒蘭地域，尤其是西部和中部的人口逐漸增加。但一直到清末，舒蘭境內都不設村屯，地名叫作兵馬荒、六道荒、舒蘭荒，包括細鱗川、珠琦川、霍倫川、四合川等皇家貢地及「農、夫、耕、耘」四大牌民地；原來吉林烏拉設置的三道喀薩哩官莊，漸漸演變成三官地、五官地。

為了適應清皇室的統治及徵糧納稅的需要，清光緒三十三年（1907 年），欽差大臣、東三省總督徐世昌、吉林巡撫陳昭常先後上書奏請，設舒蘭為縣，以便於地方管理。經過四年之間三次奏請，宣統二年三月十八日（1910 年 4 約 27 日），舒蘭終於得到旨准，朱批為「准予設民官治理」。至此，添設舒蘭縣一事，按清政府規定之公文程序已全部完成。只不過原定設治於舒蘭站，後由於紳商懇請，實設在朝陽川搶坡子（今朝陽鎮）。當年舒蘭管轄範圍是吉林府北境、五常廳南境以及珠琦、霍倫、四合三川之地，隸屬於吉林省吉林府。

舒蘭建縣之時，驛站早已廢棄，於光緒二十四年（1898 年）改為文報局，民國初年又改為郵政局。但以驛站名稱「舒蘭」二字作為縣名，一直到撤縣設市後的市名，沿用至今未曾更改，其滿語譯名「果實之城」也於近年來享譽省內外。

建縣百年的歷史蛻變

三千年的舒蘭歷史，不及建縣後的百年歷史豐富。民國初年，吉林省劃分四道，舒蘭縣劃屬吉林省吉長道管轄。一九二九年，改由吉林省直屬，為三等縣。偽滿時期，為丙類縣。舒蘭從歷史的深處一路走來，差不多與二十世紀一同前行。

從一九一〇年至一九一七年，吉林皇產事務管理局先後六次進入舒蘭東部霍倫、珠琦、四合三川清丈土地，重繳地價。這是千年「貢地」歷史的餘絮。因為「三川」的土地已經歸川民自有，所以遭到川民的強烈反對。六次清丈，六次失敗。在清末民初，這是舒蘭建縣初期歷史上最有性格的一個篇章。

如果說建縣之初，舒蘭是驛路運來的小城，那麼在建縣三十年之後，遷移後的舒蘭城就是鐵路運來的城市。

「九一八」事變後，日本為掠奪我國東北資源，修建了拉濱鐵路。這條鐵路一九三二年六月開工，一九三四年八月竣工。鐵路從舒蘭縣境穿越，但縣城朝陽卻不在鐵路線上。隨著鐵路沿線的日漸發展，一九四〇年，偽舒蘭縣公署由朝陽川（搶坡子）遷至四家房。四家房在舒蘭縣中部偏北，地處細鱗川谷地，多低山丘陵。早年此地森林茂密，古木參天，雜草叢生，直到清朝末年才開始有人居住。到了民國初年，僅有朱、徐、王、周四戶人家，故名四家房。

拉濱線鐵路建成後，在此設了四家房站，通車後居民逐年增多，各種手工業作坊、服務行業應運而生，已有了泱泱大邑的氣象。鐵路引來了縣城，最初的城區也是沿鐵路東西兩側分布和延展。縣城遷到此處後，四家房車站被改為舒蘭車站，四家房從此改為舒蘭街。一九四五年光復後，舒蘭街又改稱城關區。一九五六年建鎮，稱舒蘭鎮。當初鎮內的聚落濱河而列，呈規則的塊狀，街道呈棋盤式，直到如今街路的形態都未改變。一九六六年，市地分設，舒蘭縣隸屬永吉專署。一九六九年，又改為隸屬吉林市，至今仍是吉林市外五縣（市）之一。

二十世紀八〇年代末期，舒蘭曾籌備撤縣設市，一度籌劃以「吉北」命

名。這是因為在解放戰爭期間，舒蘭先後兩次為吉北專員公署駐地。一九四六年二月，吉北地委、專署和軍分區設治舒蘭，隸屬於中共吉遼省委、吉林省政府和吉遼軍區領導，同年四月撤銷。一九四六年七月至一九四八年六月，吉北地委、專署和軍分區第二次設治舒蘭，地區隸屬吉林省委、吉林省政府和吉林軍區領導。由於紅色政權的兩度青睞，舒蘭人想把這份難忘的記憶以物質和精神雙重的形式保留下來。

撤縣設市，也如當初建縣一樣，是好事，然而多磨。不知歷經幾次申報，直到一九九二年十月八日，舒蘭縣撤銷，合併了原吉舒鎮，正式設舒蘭市。

雖然「吉北」一名沒有採用，但仍有商業企業以「吉北」冠名。站前路市郵政局的西側，就曾有一家規模不小的「吉北招待所」。畢竟，那是舒蘭史冊上最光輝燦爛的一頁。複製下來，是為了紀念舊的歷史，也是為了憧憬新的未來。

從清代皇室貢品基地到如今的糧食大縣和「果實之城」，百年舒蘭完成了歷史性的飛躍。現在的舒蘭物產，可以重新貼上名副其實的「貢」字標籤，除了以此來彰顯黑土地的豐富物產之外，恐怕還有一番醇香的歷史文化味道。

舒蘭東部的霍倫、珠琦、四合等昔日的皇產貢山，今天仍然出產大量美味山珍、應時山菜，只是已經擺上了城鄉居民的餐桌；昔日森林茂盛、採參者雲集的「上營」和「下營」，今天已成為林業生產和多種經營的基地；昔日的大小「窩集」（森林）裡的野生「哈士蟆」已受到保護，這裡建起了中國林蛙養殖示範基地。鳳凰山上的鳳凰蘆葦品質絕倫，目前已在工業生產中得到廣泛應用，可謂「舊時王謝堂前燕，飛入尋常百姓家」。

今日舒蘭，沐浴文明後的「果實」格外香甜。全市上下破難攻艱鑄輝煌，經濟總量實現新突破，財政收入躍上新台階，工業經濟攀升新高度，農業建設再創新佳績，招商引資取得新成果，社會事業呈現新面貌，黨的建設結出新碩果，「創城」工作繪就新藍圖，環境建設實現新飛躍。尤其是文化事業，各項文藝工作百花齊放、異彩紛呈，知名品牌活動日益凸顯、個性張揚，基礎設施

建設逐步健全、成績斐然，公共文化服務體系建設突飛猛進、成果豐碩。在建設「幸福舒蘭」目標的指引下，舒蘭市的文化事業必將迎來更加繁榮發展的新未來。

女真文字的創制

一九七九年五月至六月間，吉林省文物工作隊在完顏希尹家族墓地第四墓區第一號墓中發掘出兩方墓碑，其一為帶有女真文和漢文兩種文字的「昭勇大將軍同知雄州節度使墓」碑。這些女真文字是希尹家族墓地中極為珍貴的文字資料，為研究金代女真字字形、字體變化及女真書法等提供了重要依據。說其珍貴，是因為前人留給我們的女真字數量極少。到目前為止，尚未發現金代女真文字的文獻資料。我們僅能從金石、碑碣中發現少量女真字。其中刻有女真字最多的是位於今吉林省松原市徐家店的《大金得勝陀頌碑》。該碑上共有陰刻女真文字一千五百多字。此外，在河南省開封市博物館所藏的宴台《女真進士題名碑》《朝鮮北青郡串山城女真國書摩崖》《朝鮮慶源郡女真國書碑》上均刻有女真文字。至於《永寧寺碑》，盡管該碑上亦刻有七百多女真文字，但這已經是明朝永樂年間的文字了，要比從完顏希尹家族墓地中出土的女真文字晚三百余年。此外，在吉黑兩省出土的一些金代銅鏡、官印等文物上也發現有女真文刻字，不過數量極少。所以，從完顏希尹家族墓地中出土的這些女真文字顯得十分珍貴。

在歷史上，女真文字的流行也曾經有過一段輝煌的時期。女真文字最初流行於金代天輔三年（1119 年），這次流行的女真文字是完顏希尹所創。在此之前女真人無本民族文字，「金人初無文字，國勢漸強，與鄰國交好乃用契丹字」。由於女真人無文字，其記事僅憑「口傳心記」，這樣記事既不方便也不準確。「女真即未有字，亦未嘗有記錄。故祖宗事皆

▲ 女真文字

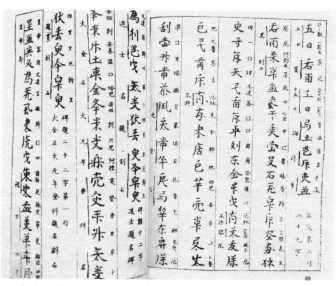

▲ 女真文字

不載。宗翰好問女真老人，多得祖宗遺事。」很明顯，這種無文字的狀況給官府和百姓都帶來極大的不便。金建國後，完顏阿骨打越來越感到創制女真民族文字的迫切性和重要性。這位具有很強民族自尊心的女真人領袖，絕不會允許對外交往中使用契丹文字這種有損女真民族形象的事情繼續下去。於是，在金建國初期，遼金戰爭還在緊張進行的年代裡即「命希尹撰本國文字、備制度」。完顏希尹經過潛心研究，「依仿漢人楷字，因契丹字制度合本國語，制女真字。」關於完顏希尹制字一事在《金史》中多次提及。如：「女真初本無字，及破契丹、漢始通契丹、漢字……完顏希尹乃依仿契丹字制女真字」。天輔三年（1119年），完顏希尹創制女真文字成功，女真人終於有了自己的民族文字。完顏阿骨打得知希尹創字成功，「大悅，命頒行之」，女真文字從此開始在金國流行。這次流行的女真字稱女真大字。在完顏希尹創制出女真文字二十余年後，金熙宗完顏亶也創制出一種女真文字，稱女真小字。在以後的年代裡，女真小字與女真大字並行。

女真文字創制後，金朝各路、府紛紛設立教授女真文的學校。隨著女真文的推行和使用，學習女真文的人也越來越多。而且金歷代統治者也十分重視推廣女真文字。天會三年（1125 年），金太宗吳乞買（西元 1123 年-1135 年在位）親自下詔命「耶魯赴京教授女真字」，後來在科舉考試中加考女真文，「以策論進士取其國人，而用女真文字以為程文……欲行其國字，使人通習而不廢耳！」正隆元年（1156 年），海陵王完顏亮（1149 年-1161 年在位）在科舉選士的考試項目

▲ 女真文字

中又規定「以契丹字書譯成女真文字，限三百字以上」。金世宗時期（世宗完顏雍，1161 年-1189 年在位），對女真文字愈加推崇。世宗於大定四年（1164年）「以女真大、小字譯《尚書》頒行之」，又令「擇猛安、謀史內良家子弟為學生」，諸路學子達三千人之多。大定九年（1169 年），金世宗命「取其尤俊者百人至京師，以編修官溫迪罕締達教之」。大定十一年（1171 年），世宗又「設女真進士科」。這個時期教授女真文字的學校也大幅度增長，「設府學二十有四，學生九百五人」，「州學二十一凡千八百女真人」學自這些學校。大定十三年，金又加強了教學力量，「以策詩取士，設女真國子學。各路設女真府學，以新進士教授」。可以說這個時期是女真文字流行的最佳時期。但是與漢字相比，女真文就顯得相形見絀了。在希尹創制女真字前，女真上層少數人物原本使用契丹字。女真人征服中原後，中原先進的漢文化迅速傳入北方，並立即引起女真人的興趣，女真貴族都以獲得漢名人字畫為榮，以至帝王大臣都將漢名人字畫作為珍貴禮品相互贈送。如左丞相完顏亮誕辰之日，金熙宗「遣大興國以司馬光玉吐鶻廄馬賜之」。很快，漢字完全取代了契丹字。這一點可以從大量金代碑碣上、出土文物中極難見到契丹字這一事實得到佐證。此後漢字同女真字並用。各種資料表明，漢字在女真人中普及的程度遠比女真字

高。而且在推行女真文字的過程中也遇到不少困難，考試錄用情況並不理想。大定二十二年（1182 年）三月，當又一次錄取女真進士完畢時，世宗十分困惑地謂宰臣曰：「女真進士誠已久矣，何尚未考定參知政事？」很明顯，由於女真文字本身的缺欠導致以女真文應試者均不盡如人意。大定二十八年（1189年），世宗想改進考試內容，提出：「若試以精義可乎？」宰臣如實回答說：「五經中《書》《易》《春秋》已譯出了，待《詩》《禮》譯完才能加試。」可見直至此時，用女真文字考取官員尚有很大困難，乃至世宗本人都對用女真文考取進士的可行性產生懷疑：「今雖立女真字科，慮女真字創制日近，義理未如漢字深奧，恐為後人議論。」在民間，推行女真文字也有阻力。金世宗曾要求女真貴族子弟學習女真文字：「每謀克取二人。」但女真貴族青少年對學習女真文字並沒有足夠的熱情，所以世宗只好補充規定：「若宗室每二十戶內無願學者，則取有物力家子弟十三以上二十以下者充之。」那麼為什麼女真文字的推行會遇到這麼大的困難呢？這恐怕與女真文字不夠完善有關。因為任何一種成熟的文字都需在實踐中經過長期的修改、補充和完善才能完成。而女真文字僅經一兩人創制，這顯然不能達到完美的程度，更何況女真字到金世宗時期不過剛剛創制五六十年，所以女真文字根本無法與漢字一爭高下。關於這一點，完顏希尹的長孫，當時的左丞相完顏守道的見解頗為精辟，他說：「漢字初恐亦未必能如此，由歷代聖賢漸加修舉也！」所以盡管女真人經過努力創制出自己的民族文字，並積極進行推廣，但因為這種文字本身的缺欠，難免隨著金王朝的覆滅而逐漸被漢字所替代。前面提及即使在女真文字最流行的年代，它的普及程度也不及漢字普及程度高。從希尹家族墓地出土的眾多碑碣中亦可以驗證這一點。希尹家族墓地的碑碣大都建於金世宗大定年間，即女真文字流行的鼎盛時期，但諸多碑碣中僅僅在昭勇將軍的墓碣中發現了二十一個女真文字，這些女真文字在該墓碣文字中所占比例也極小。其餘墓碣盡皆漢字。值得提及的是，在完顏希尹這位女真字首創者墓前的「神道碑」中，竟然見不到一個女真文字。這些情況充分說明，女真文字推行的廣度、深度均有很大差距。

女真文字從發明到相對興盛，又到覆滅，其過程是短暫的，從而導致留給後人可作研究的女真文字奇缺。希尹家族墓地出土碑碣上的這些女真文字亦顯得愈發珍貴。

完顏希尹所創制的女真文字空間有何特點，已有專家專門進行了研究。他們將女真語劃為阿爾泰語系，歸屬滿洲通古斯語族，並確認女真語言係滿語的祖語，亦是蒙古語的親屬語言。從文獻中我們還知道女真語「合契丹字制度」。完顏希尹根據女真語言特點，以漢字和契丹字為基礎，採取加減筆畫，或取其音或取其義的方法創制女真文字。希尹家族墓地出土的這些女真文字恰好證實了這些觀點。

康熙皇帝巡視舒蘭

東北，作為清王朝「祖宗肇跡興王之所」，受到清朝統治者的格外重視。康熙在位期間，曾經三次到東北「巡幸」，其中，第三次東巡曾來到舒蘭。

康熙十年（1671年），康熙首次東巡，這次他僅東巡至「盛京」（今瀋陽市）便返回了北京。

康熙二十一年（1682年），康熙第二次東巡，這次東巡是在經過八年剿撫，終於平定了以雲南吳三桂為首的三藩之亂的背景下成行的。因此，他的心情格外好，興致極高。此次東巡除了到盛京告祭祖宗三陵（福陵、昭陵和永陵），以報答祖宗的蔭護外，他還準備到吉林進行「問俗」活動。臨行前，康熙特諭寧古塔將軍巴海，說他要省觀吉林烏拉（今吉林市）並點名要到法特哈邊門一帶松花江上捕撈名貴特產鱘鰉魚，還命巴海將軍將捕魚用具「悉加備辦完整」。但不知何故，此次東巡他只來到大烏喇（今吉林市龍潭區烏拉街）並留下了一首著名的「松花江放船歌」便返回了。

康熙三十七年（1698年）七月二十九，康熙帝開始第三次東巡，這次東巡的目標仍是吉林。不過其行進的路線與上次完全不同。以往來吉林基本是沿著北京——盛京——吉林的驛道往返的，這次則北走清代柳條邊外喀喇沁和科爾沁蒙古地區，徑趨吉林後，再出盛京入山海關，返回北京。七月二十九，康熙帝率皇長子多羅直郡王及皇三子羅誠郡王、皇五子多羅貝勒、皇七子、皇九子、皇十子、皇十三子及隨行官員離開北京踏上了東巡路程。八月初四至喇嘛洞（遼寧建昌），之後進入喀喇沁和科爾沁蒙古地區。沿途多次接受蒙古上層貴族的朝拜。九月初一康熙出蒙古地區至科爾蘇（又稱黑爾蘇，在今吉林省懷德市西南處，為柳條邊門之一）。康熙帝一行進入柳條邊後，於初十到達伊屯昂阿（吉林伊通），在這裡見了專程前來迎候的黑龍江將軍薩布素、寧古塔將軍沙納海等地方官員。九月十三至伊爾門畢喇（今永吉縣金家伊勒門）。伊勒

門至吉林城只有七十五公里左右，不過兩天路程。可康熙意欲去法特哈邊門松花江下游處捕撈鱘鰉魚。因此，他捨近求遠，由此折向北行，直向柳條邊北面終端（今吉林省舒蘭市法特鎮）法特哈邊門而來。九月十四至烏雲海闌（九台市加工河），九月十五至木舒（九台市沐石河），九月十六至其塔木（九台市其塔木），九月十七至法特哈鄂佛羅（今舒蘭市法特鎮，即清代柳條邊最北面的邊門，法特哈邊門所在地）。康熙在此足足待了四天，終於實現了親自看捕撈鱘鰉魚的夙願。法特地處松花江江邊，松花江古稱混同江，是滿人先祖居住的地方。因此康熙遣大學士伊桑阿在此拜祭松花江神。九月二十二，康熙一行來到扎星阿（今溪河鎮）在舒蘭驛站（今溪河鎮舒蘭站村）留宿，並在此「賜黑龍江將軍薩布素、寧古塔將軍沙納海白金彩緞有差」。之後離開舒蘭地面於九月二十三至松花江左岸塔庫鄂洛（今九台市莽卡鄉塔庫村）。九月二十四、二十五兩天駐蹕塔海噶山（烏拉街），九月二十六至二十九駐蹕吉林城，九月三十康熙離開吉林前往盛京。十月二十一日康熙離盛京，「盛京文武大小官員及民兵商賈耆老婦女童稚等，感戴皇恩，俱集郊外，叩首歡呼，焚香跪送」。冬月初四進山海關，初八至豐潤，冬月十二至通州（今北京通縣），冬月十三返回北京。此次東巡共歷時一百零三天。

舒蘭建縣史話

　　清皇室為珍視「龍興重地」，保持和發揚滿族「騎射」風習，獨占東北的特產，自康熙二十年（1681年）至咸豐十年（1860年），對東北實行封禁政策。弛禁後，冀、魯等地勞苦人民如潮水般湧入東北，其中部分人相繼遷入舒蘭縣境。由於移民的增加，墾田面積的擴大，為適應清皇室的統治及徵糧納稅的需要，光緒三十三年（1907年）欽差大臣、吉林省總督徐世昌以「吉林省屬境遼闊，擬請摘要增設府、州、縣缺員，以固邊陲，而資治理」為由，向光緒帝提出增設舒蘭縣奏折，但未獲旨准。宣統元年閏二月（1909年4月），東三省總督錫良又奏請在舒蘭驛站（今溪河鄉舒蘭站屯）地設縣，四月癸巳被駁回：「暫從緩設」。當年吉林府派員於「六道荒」境內成立設治局。宣統二年三月壬戌（1910年4月27日），吉林巡撫陳昭常再次奏請，方得旨准，朱批：「准預設民官治理」。

　　至此，添設舒蘭縣一事，按清政府規定之公文程序已全部完成，由於紳商懇請，縣治設於搶坡子，又名朝陽川（今朝陽鎮），隸屬於吉林省西南路與巡兵備道。首任縣監督官為廖楚璜。宣統二年三月十三日廖楚璜就職，十四日出示曉諭云：奉設治委舒蘭暫住朝陽川官衙，擇期開印視事，本縣辦理設治諸事宜。事屬初創，縣境管轄，尚未滿勘劃，一切訴訟命盜各案，暫赴吉林府審判廳投訴。

　　縣城選定於何處？此地與彼地鄉紳，一度發生激烈紛爭。省決議局獲悉，責廖縣令再次查核，報省裁定。廖縣令會同有關人員復次驗查，認為舒蘭縣設治地址必為全縣行政之樞紐，交通方便。舒蘭全境山脈川流，皆由南向北，但小城子、帽耳山皆山水源頭，土瘠民稀，道路阻塞，層巒疊嶂，非四通八達之區，交通偏於一隅，非全縣適中之地。而朝陽川（街）商業繁盛，居民數百家，是東、南、北三鄉入省孔道。復次呈文報省民政使司核准，舒蘭縣城定於

▲ 舒蘭設縣批文影印本

朝陽川（搶坡子）。縣令當年三月開印視事，由縣正堂承理刑、民訴案。

舒蘭建縣初，係由吉林、五常二府各一部分所析置。據宣統二年四月初吉林省民政司勘劃舒蘭縣界址清單呈文，建縣初的邊界如下：

西南界：從四家子河入江處起，沿楊木林子、老虎林子、三道灣、老狼溝、黑山背、朝陽溝、缸窯北山後背、黃河沿分水嶺、大石頭頂子等處為一段，係吉林府原轄之永智社下五甲。其界外永智社上五甲仍屬吉林府管理。

正南界：從窩吉口子起，沿老少東截老山頭夾信子河北、干橡子溝、東西土門子、三個頂子後背、于家堡、三道溝溝北、慶嶺、剿草頂子等處為一段，係原吉林府轄之農字頭牌；由北東出太平嶺，東西土山子後背至呼蘭嶺，此一段係原五常堡旗署所轄之霍倫川各處隨缺地。其界外為吉林府屬之存儉社上五甲、四甲以及拉法退搏站旗荒，西半截仍屬吉林府，東半截劃作額穆縣西北邊界。

東南界：從蘭凌嶺北截至大土頂子、東北崗、三岔嶺、玲當嶺等處止，係原五常堡旗署之隨缺地。其界外為五常府屬四合川，劃作額穆北界。

東界：五、六、七道滴達、老黑頂子、大青嘴子、蘭凌河上游、金馬駒子川等處，原係吉林府轄耘字四牌。其界外為五常府屬東面原界。

東北界：從七個頂子後背起，沿雞爪崗、樺曲柳崗、缸窯林子為一段，原係吉林府所轄耘字四牌。其界外係五常府東南界，兩屬以原立封堆為界。

正北界：從雙岔頭起，沿長壽山、楊樹廟等處止，原係吉林府所轄之耘字三牌。其外為五常府南界，兩屬以原立封堆為界。

北界及西北界：從剿草頂子起，沿花園山、大蓋子、老鷹嘴子、三五官地、牛角、老河身等處止，原係吉林府所轄之耕字三牌及烏拉旗屬三五官地兵馬荒。其界外為榆樹廳西南界，兩屬以原立封堆為界。

正西界：由老河身起，至四家子河入江處止，沿松花江東岸南北長四十五公里，原係吉林府所轄之永智社處八甲、上下七甲、下六甲。江東劃歸舒蘭，江西仍屬吉林府，兩屬以江之中心為界。

「二人轉」之鄉的由來

「二人轉」繼承了東北大秧歌的舞、唱、逗的藝術形式，由眾人舞變成幾個人或一人、二人舞，由一人唱變成了兩人唱，由大場地群舞、群唱變成了舞台上舞、唱。嘉慶年間，東北地區誕生了民間地方小戲「蹦蹦」，距今已有二百年的歷史了。「二人轉」主要包括「單出頭」「二人轉（對口）」和「拉場戲」三大類。「二人轉」是在東北大秧歌和東北民歌基礎上，吸收、借鑑河北蓮花落乃至大鼓、皮影、單鼓和滿族薩滿教歌舞等諸多藝術形式而形成的，唱腔豐富，風格火爆，幽默風趣，受東北大多數勞動人民所喜愛。它是通過演員在舞台上唱、說、扮、舞、絕五功，表現出各種不同人物的思想性格和故事情節的一種說唱藝術形式，形式簡單，靈活輕便，被稱為戲曲的「輕騎兵」「雙玩藝兒」，藝人自稱「雙條」，東北解放後稱「二人轉」為大地舒蘭「二人轉」。

舒蘭「二人轉」是在清末民初年間，由藝人張相臣和他師傅趙富帶領徐珠等六人來到舒蘭縣大北岔（今二道鄉大北村）唱「雙玩藝兒」開始的。一九一九年，大北岔鬧枝溝的李青山拜張相臣為師，後溪河鄉敖花屯的李慶云拜徐珠為師，二人都是十幾歲就跟班學藝，後藝人李青山、李慶云等自行搭班演戲。他們在吉林省內活動最早，繼承和發展了東北地方的曲藝特點，受到了人們的歡迎。舒蘭人民把「二人轉」稱為「自己個兒的戲」，吉林省稱舒蘭縣是「二人轉」的故鄉。

舊社會唱「蹦蹦戲」的都是窮苦人，他們相依為命，為了糊口求生，到處流浪賣藝，受盡了官吏、警察、大兵、土豪劣紳的欺凌。解放後人民當了國家主人，民間藝人也獲得了新生。懷著翻身後的喜悅，李慶云、李青山、韓鳳林、王希安等主動串聯組成「二人轉」戲班子，自編自演《窮人翻身》等節目。一九五〇年，縣政府組織藝人訓練班，成立了舒蘭縣農民劇團（地方戲隊，時稱文工隊）。十二月，李青山等人參加了東北第一屆音樂工作會議。一

▲ 現代「二人轉」表演

九五二年，李青山、王希安應邀到長春文工團，傳授東北秧歌和「二人轉」藝術。九月，他們參加全省文藝競賽大會，《雙回頭》獲得一等獎；《唱孫紹岩農社農忙哄孩子組》獲得二等獎。在這次賽會上，李青山、王希安將紙扇子變為帶纓的綢扇，傳至現在，成為傳統。一九五三年二月，文化部東北民族民間音樂調查組、中央歌舞團民間舞教學研究組，來到舒蘭向李青山等藝人學習民間藝術。七月，舒蘭正式建立專業性的舒蘭縣文工隊，隊長為李慶云。一九五四年，省、市及中央文藝部門多次來到舒蘭學習民間藝術。文工隊深入區、村對業餘劇團進行輔導，使「二人轉」這朵民間藝術之花，開遍全縣各地。七月，省歌舞團到舒蘭學習「二人轉」曲牌和民歌小調。一九五五年十月，中央舉辦群眾業餘音樂舞蹈觀摩演出會，舒蘭「二人轉」戲班子表演《東北民間舞》，獲優秀獎。一九五六年，舒蘭縣評劇團成立。六月，老藝人李青山調長春地方戲隊任副隊長兼教師。不久，「二人轉」從評劇團分出。省委宣傳部、

省文化局領導指示：舒蘭縣是「二人轉」的故鄉，要保留「二人轉」的種子，於是成立地方戲隊。一九六二年六月，周恩來總理來吉林視察，觀看「二人轉」演出後，親切地說：「勞動人民的藝術，要很好地發展。」當時，還同王希安、孫桂蘭（永吉）合影留念。

李青山、李慶云等舒蘭藝人發明的「掏燈花」的舞蹈動作，被歷代「二人轉」藝人傳承至今。李青山是對「二人轉」發展最有影響力的人，可稱為「二人轉」的泰斗，他一生中對東北民間藝術的發展和繁榮做出了很大貢獻。李青山本人已載入《中國大百科全書戲曲曲藝卷》《中國藝術家辭典現代第四分冊》、吉林省《二人轉辭典》。

一九七八年至今，舒蘭市的「二人轉」在全省乃至全東北仍有一定的影響。曾有很多演員和作品在省市和國家榮獲大獎。二〇〇〇年和二〇〇二年，舒蘭「二人轉」戲班子自創自導自演的戲劇小品《發財之後》和《選舉之前》分別獲得國家級劇目三等獎和二等獎，其中《選舉之前》作者楊治鐘、焦桂英獲國家級編劇一等獎。

現在，舒蘭共有「二人轉」培訓班五個，先後培訓學員上千人次，其中很多學員都成功地活躍在東北各地「二人轉」舞台上，如唐建軍、郭旺等演員已走出舒蘭，在更大的舞台上發展。「二人轉」在舒蘭這塊沃土上已經生根、開花、結果。

為了讓「二人轉」傳統劇目不失傳，讓這寶貴的非物質文化遺產傳留下來，給演員和研究人員提供珍貴的參考資料，舒蘭市編輯了《「二人轉」傳統劇目大全》，該書由時任舒蘭市委書記王書東、市長李富民主編，舒蘭市委常

▲ 二人轉表演道具

委、宣傳部部長孫璐任副主編，在舒蘭市政府副市長閆鐸所作的前言中提到：
「二人轉」是遊行於遼寧、吉林、黑龍江三省和內蒙古東部三盟最廣泛的一種
藝術形式，是勞動人民自己創作的，具有口頭性、流傳性、集體性和群眾性的
基本特徵，距今已經有三百多年的歷史。「二人轉」傳統劇目題材廣泛，上自
商周列國興起，下到民國衰亡，可謂上下五千年，任我「二人轉」演唱，任我
「二人轉」傳頌，任我「二人轉」針砭，任我「二人轉」所轉。追溯其源，一
是中華民族的幾千年文明發展史，其發明創造和豐功偉績均可演唱，這是中華
民族的驕傲；二是文化先驅留下的鴻篇巨製，任其取材；三是姊妹藝術，繁花
似錦，供其移植、採擷；四是「二人轉」藝術家來自勞動人民，要為自己吶
喊，為勞苦大眾代言。

　　改革開放以來，我們國家在文藝上提出「百家爭鳴、百花齊放」的方針，
各種藝術形式開始復興起來。「二人轉」這一東北民間藝術像踩不斷、壓不爛

▲《中國「二人轉」傳統劇碼大全》

▲「二人轉」表演

的車軲轆菜一樣——「野火燒不盡，春風吹又生」，一直在這水肥土沃的關東大地上頑強生存，健康發育，茁壯成長。隨著二十一世紀的到來，「二人轉」突然火爆起來，而且越燒越旺，已經不只是黑土地上的一種地方文化藝術，它遍地開花，轉出東北，轉進京城，轉遍大江南北，轉出長城內外，衝出國門，轉遍世界。

▍「詩縣舒蘭」的創立

　　舒蘭的現代詩歌創作始於一九五〇年，最早問世的詩歌作品是於永江的《張二嫂》，發表在《東北文藝》上。一九八七年，舒蘭的「詩歌現象」就被大眾媒體不斷報導。遼寧省作家協會主辦的《作家生活報》發表評論文章，重點評價了金克義、雷恩奇、佟石、金相喜等幾位舒蘭詩人的詩歌創作成就，並率先提出了「詩縣舒蘭」的概念。上海的《萌芽》文學雜誌以「四重奏」為專欄名字，隆重推出了舒蘭四位詩人的作品。二十世紀八〇年代中後期，是舒蘭詩歌創作最輝煌的時期，以金克義、雷恩奇、佟石、馬輝等為代表的舒蘭詩人，創作了大量的優秀詩歌作品，他們的詩歌作品在《人民日報》《光明日報》《人民文學》《詩刊》《當代詩歌》等全國有影響的報刊上紛紛登場。同時他們的詩歌作品也打入了新加坡的《商報》、菲律賓的《世界日報》、美國的《中報》、中國台灣的《葡萄園》等華文報刊，並有數篇詩歌作品獲得國家級詩歌大獎。一九八六年是舒蘭民間文學社團蓬勃發展的一年，這一年民間文學社團如雨後春筍破土而出，蔚為壯觀。全縣先後成立了二十一個民間文學社團，其中詩社就有十八個。最有影響的詩社是王紹緋創辦的中國北極星詩社，該社會員遍及全國二十六個省、市、自治區，有三千七百多人，先後編輯印刷詩報六十三期。北極星詩社的創建，得到了當時舒蘭縣委的高度重視與大力扶持，同

▲ 舒蘭詩詞協會活動

▲ 舒蘭詩歌文學作品

時也得到了已故詩壇泰斗冰心、艾青、臧克家、張志民的鼓勵與關注，老詩人
張志民，詩歌評論家朱先樹、張同吾分別給詩報題了詞。一九九二年四月末，
冰心老人委托女兒吳青贊助北極星詩社五千元人民幣作為印刷詩報的資金。一
九八七年由《江城日報》記者袁必欣採寫的長篇通訊《詩情，蕩漾在青山綠水
間》和一九八八年作家郝志國撰寫的報告文學《王紹緋和他的北極星詩社》《山
村啟明星》等，先後在《中國青年報》《農民日報》《吉林日報》《江城日報》《中

國民兵》《東北後備軍》《農村天地》等報刊以及省市電台、電視台轉載和播出，「詩縣舒蘭」的榮譽得到了進一步的認可。也因此，北極星詩社被《中國民間文學社團名錄大全》收錄，詩社的創始人王紹緋還榮幸地代表吉林省參加了在北京人民大會堂召開的全國民間文學社團代表大會。從此，「詩縣舒蘭」在詩歌界成為一個輝煌的標誌。「詩縣舒蘭」的名字響亮而富有內涵，充滿了盈盈流淌的詩意和鏗鏘有力的明快節奏。

在舒蘭詩歌史上，人們怎麼也不會越過這樣幾位舒蘭籍老詩人的名字：胡昭（省作協原副主席）、任俊傑（省委原秘書長）、王也（省文聯原常務副主席）、郭維東（新疆《中國西部文學》原雜誌主編）、王化長（省文化廳原廳長）、陳玉坤（《江城日報》原新聞研究室主任）。他們從舒蘭起步，用耀眼的成就構築了舒蘭詩歌界的「古生代」群落。雖然他們早已遠離故土，但他們卻在舒蘭的詩歌史上樹立了一塊塊不朽的豐碑。

從此，舒蘭被譽為全國「四大詩縣」之首，一直為文學界所矚目。這個時期，應該說是舒蘭詩歌發展的鼎盛時期。

進入二十一世紀，舒蘭的詩歌創作隊伍不斷壯大，較有潛力的詩人有顏雪、李金珠、王子偉、譚可玉、于佳琪、王松林、雷學鋒等。這些詩歌作者從各個角落開始不露聲色地向詩壇發起新一輪的衝擊，給舒蘭沉寂的詩壇吹來了一股清新的風。近兩年，詩人胡衛民的詩歌創作達到了巔峰，並引起了詩壇的關注。胡衛民二十世紀六〇年代中期生於吉林省東豐縣。多年來詩作散見於《吉林日報》《星星》《綠風》《青春詩刊》《詩潮》。二〇一〇年，在舒蘭建縣百年之際，市文聯牽頭編輯出版了《詩縣星光》，其中收錄了近現代以來舒蘭詩人創作的詩歌百餘首，舒蘭詩歌創作又達到了一個新的巔峰時代。舒蘭，滿語「果實」，它也應該是詩的「果實」。當詩歌成為舒蘭的一個文化品牌，我們每個人都有責任讓這個品牌日漸鮮亮。因為詩歌的濡染，舒蘭這座小城的文化品位大幅提升，城市的精神吐納方式也因此有了無盡的詩情畫意。我們有理由相信，無論何時，無論世界如何變化，只要我們的生活不缺少詩意，只要漢

▲ 詩歌創作活動

字的韻味仍然芳香四溢，只要生活中仍然有四季的輪回，只要心靈仍能因愛而律動，這個世界就不會缺少詩歌，不會缺少詩歌的吟唱者。

近年來，傳統詩詞知識在舒蘭的普及力度空前，舊體詩詞創作成績斐然，張德有、孫煥波、王學春、石萍先後出版詩詞專著三部；張廷臣的舊體詩詞更

是連連獲獎，登上了《詩潮》《揚子江詩刊》《長白山詩詞》《東坡赤壁詩詞》等省級大刊；胡衛民、於佳琪、於春哲等許多會員作品走出舒蘭，走向全國，許多會員作品入選《詩詞文化研究》《雪柳詩詞》《雅風詩集》《北國詩詞》《中國年度詩選》；在朱雀山、松花湖、金士百等詩詞全國徵文中，胡衛民、于佳琪、謝榮卿、張德有、崔律等人，獲等級獎、優秀獎和入圍獎等不同獎項；二〇一二年在全國《當代中華詩詞集成》中，舒蘭市作家協會有十七人入圍；先後有韓溫江、張廷臣被中華詩詞學會吸收為會員，有韓溫江、張德有、張廷臣三人擔任吉林市詩詞文化研究會理事，有宋澤生、萬紅美、劉海山、王松林、高玲、齊文軍、吳明、石萍、王學春、陳立忠等十二人被吉林市詩詞學會吸收為會員；由於在舊體詩詞的普及和提高中貢獻突出，詩詞造詣精深，舒蘭市作家協會會長韓溫江先後被任命為吉林市詩詞學會副會長、哈爾濱市北國詩社副社長、吉林市詩詞文化研究會會員、吉林市雪柳詩社副秘書長等多項職務。以下是胡衛民的詩作，通過本詩也可初步領略詩縣舒蘭的詩歌風采：

鄉土清音（組詩）

周末回鄉

五月，暮色來得遲
乘公交車出城，到鄉下時
夕陽剛好隱到山後，像轉過臉的葵盤

我和大哥進入菜園薅小蔥，間生菜
拔水蘿蔔
叨完大醬的嫂子，喊：開飯嘍——
讓我想起，母親在世時的口吻

夜色飄飛。跟村裡正在轟響的磨米房

似乎有關係

有幾隻小飛蟲，誤入酒杯裡
我用筷子挑出來，看一滴一滴酒
如何醉著飛——

秋收的牛車
我從田裡直起腰來，上路回家
鄰居的一輛牛車，迎面而來
感覺它，正穿過我鬆散的身體
它有點慢，加劇了我疼痛的部分
也好像，牛蹄子踩到了我

這讓我，看了一眼蒙塵的皮鞋
它雖然穿在我腳上，卻是
來自一頭老牛的身體
我怎能有老牛走得踏實而又泰然

深秋，玉米地
玉米地裡，秋風刮得正緊
剝玉米的人，一身涼風打不透的衣服

秋風，若能像春風吹開花朵那樣
把玉米葉子吹開，剝玉米的人
會省出不少時間和力氣

而個別地塊，遲遲沒人收割
誰見了，都是一塊心病
玉米穗不像枝頭的蘋果，熟透了
自己就能掉下來
也許，主人正忙於
比秋天還大的事情——

每隔一會兒，我都要看過去幾眼
希望玉米地盡快搖晃起來
不是風吹的那種搖晃，能讓人
濺出淚花來

割韭菜
母親在園子裡割韭菜
割得細心，起身時
她手拄膝蓋，顯得艱難
待我反應過來
母親已蹣跚地進了院兒
手中的鐮一扭一扭
我的心就被剜了一下又一下

面對鄉村
這讓我一生不敢傲慢
讓我在遠方時時回過頭來
複習這娶妻後最易忘卻的章節
（載《詩刊》上半月刊 2012 年 5 月號）

作者簡介：胡衛民，滿族，一九六五年十月出生於吉林省東豐縣，吉林省作家協會會員，舒蘭市作家協會副主席，現居吉林舒蘭。曾在《詩刊》《星星》《綠風》《詩潮》《詩林》《揚子江》《詩選刊》《青春詩刊》《上海詩人》《民族文學》《青年文學》《作家》《參花》《文學港》《青海湖》等文學期刊發表詩作；有詩選入年度詩歌選本；組詩《第三只眼睛看生活》入選《中國詩歌二十一世紀十年精品選編》；出版詩集《寫盡風情》。

舒蘭縣女校的建立

　　舒蘭縣立第一女子小學校，正式成立於民國十八年（1929年）三月，校址在當時縣城（今朝陽鎮）南大街路西，以後又在小城子建第二女校。

　　清末民初時，舒蘭縣的教育，尚處於萌芽階段，讀書識字的人，可謂鳳毛麟角。辛亥革命後，因受戊戌變法的影響，加上不識字者本人所受之苦惱，廣大人民迫切需要讀書識字。民國三年（1914年）春，在當時縣城西門裡，舒蘭縣兩級小學堂成立了，一九一七年改名為舒蘭縣立模範兩級小學校。一九四〇年改稱舒蘭縣朝陽國民優級學校，即今朝陽鎮中心小學的前身。

　　那時，因社會上受著「女子無才便是德」「男女授受不親」等封建思想的束縛，百姓送男孩上學的多，送女孩入學的很少。特別是年齡較大的女孩與男孩同班，家長感到不適當，就不讓女孩上學了。

　　民國七年（1918年）三月，吉林省教育廳廳長楊乃康發文，推廣女子教育，要求各縣未設女子高級小學校的，要「趕即設法添立」，還規定：「初級小學入學兒童，凡年齡在十二歲以下者，男女全校合級，十五歲以下者合校分級，十五歲以上者宜分校。」所以縣立模範兩級小學校，從民國十一年（1922年）開始，設女生復式班一個，二十多名學生，班主任是孫繼祖，單隔一院，仍屬模範校領導。

　　據查，民國十七年（1928年）五月二十五日，縣教育局局長張景新受命領銜呈文財政部門，籌集經費，開設女校。同年又向省呈文提出：「男女合班合校，兩有阻礙，甚不相宜。如不設法提倡女校，則女子求學，勢必寥寥。女子為國民之母，若非有相當之學識，則家庭教育，難期良善。」經過半年的籌備，女校於民國十八年（1929年）三月正式成立，校名定為舒蘭縣第一女子小學校，簡稱「女校」（當時稱模範校為「男校」）。女校首批招收高小一個班，學生十四名；初小一個復式班，學生四十七名。教師有傅寶琳、馬德芳、李翠

雲。校長由縣教育局局長張景新暫兼。入學者按年繳納雜費二百吊官帖。校址最初是縣城南大街路東，租用私人七間瓦房，以後在路西購買校基，建了新校舍。當時的主要學科有：高小包括國文、算術、三民、衛生、自然、歷史、地理等；初小包括國文、算術、三民、常識等。是年九月以後，傅寶琳任校長，教師增加戰慶云。

一九三一年以後，校名為舒蘭縣立女子兩級小學校，校長劉鈞（字子憂，在吉林附小任過教師），教員有蔡連錄、唐月等，學生一百多名。一九三五年到一九三七年，教員有謝紹貞、黃蔭華、王玉琴、林志成等。學校所教科目有了很大變化，取消了三民、修身等教材，增設了日語、國民道德（原修身課），殖民主義的奴化教育內容，逐漸滲透到各科教材裡。

一九三八年春，校長劉鈞被調到縣民眾教育館任館長，由李文蔚（字雲亭）接任校長。教學科目有國語、日語、算術、常識、音樂、體育、圖畫（手工）等。

民國十八年（1929 年）初建時女校招生兩個班（內有高小一個班），一九三一年三個班，一九三四年四個班，到一九三九年發展到八個班，其中一、二年級各兩個班，三、四年級和高一、高二年級各一個班，全校學生共計二百三十餘名，可謂女校的鼎盛時期。

女校校舍位於縣城南大街路西，「九一八」前建成使用，坐西向東，正面校門面臨大街。在校門通道的那一間裡，有一個豎著木架的牌板，上書：「校訓」。牌板上方從右到左橫書「忠孝」兩個大字，下方從右到左豎書八行小字釋文，忠字下方的釋文是：上事於君，下交於友，內外以誠，終能長久；孝字下方的釋文是：事父如天，事母如地，汝之子孫，亦復如是。此文來源於台灣鄭成功祠內的忠孝匾釋文。

舒蘭女校經歷了從無到有、由小到大，由鼎盛到被合併的曲折過程。她經歷了兩次搬遷、三定校名、四屆校長的十一年歷程，至一九四〇年初，女校被撤銷，合併到男校——舒蘭縣立朝陽國民優級學校。

舒蘭解放初文藝宣傳隊的建立

　　一九四五年八月十五日東北光復了。我軍於一九四五年末解放了舒蘭，建立了舒蘭解放區。一場群眾性的文藝宣傳活動迅速在全縣興起，為開展土地改革、發展生產、支援前線起到了積極推動作用，同時也活躍和發展了舒蘭人民的文化藝術生活。

業餘文藝宣傳隊的出現

　　在戰火紛飛的一九四六年夏季，在歌頌共產黨和毛主席的喜悅聲中，舒蘭解放區的一些學校掀起了支援解放戰爭的文藝宣傳教育活動。首先是小城區小學校長張立志和教員袁良弼，結合學校教育工作，組織了師生二十多人參加業餘文藝宣傳隊。隊中少部分人負責宣講黨的政策和戰爭形勢，大部分人負責演出文藝節目。老師們自編了六場大型話劇《女人的劫運》、歌劇《奔向光明》等劇目。師生共同排練，到各地巡迴演出，頗受群眾和部隊的歡迎。這個宣傳隊還參加了土改，先後到四合、八道等地，協助分地、發地照，發動群眾搞生產，支援前線。

　　一九四七年春，縣委指示在舒蘭中學（今舒蘭一中前身）組建一支宣傳隊，由縣委宣傳部部長李毅和民運科科長洪光同志負責，並從城關區小學（今縣實驗小學前身）邀請了潘喜明、齊玉田、王文翰等三位老師負責組織領導。文藝宣傳隊內設兩個組：一是宣傳組，負責宣傳我軍的宗旨任務和方針政策，特別是當時形勢下的任務和動員青年參軍；二是演出組，負責演出各種戲劇、歌舞等文藝節目。

　　文藝宣傳隊成立後，緊緊圍繞當時的形勢任務，確定排練節目的內容。有話劇《參軍》、秧歌劇《土地還家》；活報劇《美軍暴行》；表演唱《姑嫂勞軍》；歌曲《在太行山上》《跟著共產黨走》《我們的家鄉解放了》《解放區的天》等。宣傳隊先後去朝陽、白旗、溪河、法特等行政區所在地及其他大的村屯進行宣

傳演出。群眾喜聞樂見，深受教育和鼓舞。縣城的王傑、曹振等人自發地組織了業餘劇團，配合前線戰爭和後方土改運動，宣傳黨的政策和主張。他們排練和演出了《兩個世界兩重天》《大生產》等劇目，對動員青年參軍、參加土改運動，都起到了促進作用。縣城的胡志斌、宿永勝等人還組織了城關區二道街業餘京劇團，自籌經費，自建戲院，演出的節目轟動縣城。

縣委組建專業文藝宣傳隊

一九四七年六月，在業餘文藝活動的基礎上，縣委決定組建文藝宣傳隊，參加人員主要是舒蘭中學學生。七月一日，舒蘭縣委專業文藝宣傳隊正式成立，全隊四十多人，潘喜明、齊玉田、王文翰為宣傳隊隊長。宣傳隊內又分為男隊和女隊。宣傳隊成立後，隊員都集中住在縣政府大院裡，實行供給制，每人每月津貼大約是一塊錢。雖然當時各方面條件都很差，生活很艱苦，但是每個隊員工作熱情都很高，誰也不講困難，一心埋頭工作。經過一個多月的充分準備，宣傳隊便深入農村演出，主要節目有大型歌劇《血淚仇》《美軍暴行》等劇目，深受群眾歡迎，收到很好的社會效果。

這支文藝宣傳隊，經過不斷演出和鍛煉，文藝素質有很大提高。一九四七年十月，經部隊首長和地方領導協商，全隊轉調到吉北軍分區政治部，成員變為文藝戰士。

農民曲藝隊的恢復

一九四七年十月十日，《土地法大綱》公布後，一場群眾性的土地改革運動在全縣農村轟轟烈烈開展了起來，打土豪分田地的浪潮席卷舒蘭大地，人民當家做主，民間藝人也獲得了新生。老藝人李慶云當上了敖花屯農會主席後，心情振奮，聯合藝人李青山、韓鳳林、王希安等人自發地組織了「二人轉」戲班子。他們走屯串鄉，就地搭場演戲，慶祝翻身勝利，歌頌共產黨，歌頌新生活。他們自編自演了「二人轉」《窮人翻身》《搞生產》《送郎參軍》等節目，對青年參軍參戰起到了宣傳鼓動作用。

舒蘭縣評劇團的成立

為了滿足廣大群眾精神生活的需求，一九五五年，縣文教科請示，縣領導研究同意，在「二人轉」班底的基礎上組建了舒蘭縣評劇團。

同年十一月，楊華評劇團（私人班子）來舒蘭縣演出，縣領導看了幾場戲，感到人員素質、演出水平都很不錯，經縣文教科討論研究後，該團老藝人楊鳳樓、楊永林，青年演員王金等留了下來，加入評劇團工作。一九五六年三月，文教科分家，成立文化科，負責主要業務。要想組建劇團，行頭是首要的，於是文化科派人前往蘇州定制行頭（蟒、靠、宮衣、官衣、下水衣、盔頭、髯口、頭面、刀槍把子等），並製作了簡單戲台。像馬戲團一樣，他們做了布圍子、繩網。七月，劇團又派人去瀋陽市招來五位演員，主演是韓麗娟，裡子活是英桂芬，鼓師是佟俊傑，琴師是徐國忠，中花臉是高廣富。一九五六年七月舒蘭縣評劇團成立。

七月份，評劇團農村演出計劃以縣政府文件形式發到各鄉。八月份劇團開始到各鄉演出。第一個演出地點是天德鄉，到鄉裡後演職人員動手搭台子。演員演出後住在戲台上、化妝室、學校。劇團兩個月走遍了法特鎮、白旗鎮、溪河鎮、二道鄉、朝陽鎮、水曲柳鎮、平安鎮、七裡鄉、新安鄉、小城鎮等地。演出的劇目有《紅娘》《梁山伯與祝英台》《秦香蓮》《白蛇傳》《夜宿花亭》等。評劇團每到一處，群眾都接親喚友，十里八村的群眾都來看戲，像趕年集那樣人山人海，非常熱鬧。這次農村演出得到了各鄉鎮政府的大力支持，受到廣大群眾的熱烈歡迎。

縣財政科為了能讓評劇團冬季演出，當年，在一道街建起了能容納四百座席的小劇場，從而結束了縣城內無演出場所的歷史，冬季裡也能坐在劇場裡看演出了。此舉受到了各行各業的大力支持和好評。

一九五七年至一九五八年，評劇團的班子也進行了多次調整，先後由林木

森、鄭亞彬、孟慶良等擔任團長職務。在此期間，劇團選調和培養了一批新生力量，演員的陣容也不斷更新。一九五九年，劇團採取以師帶徒的方式，收李玉生、孫福奎、單用福、李鳳歧、蔡東升、田志文六名學員。一九六〇年評劇團辦學員學習班，招收戴玉華、付俊芝、張樹芝、嚴鶴云、武清蓮、孫雨田等學員，並從吉林市藝校轉來田新華、王靜文、劉文超等六名學員，使評劇團充滿了生機和活力。「文革」開始後，劇團的演職人員全部下放到農村，接受貧下中農的再教育。一九七二年評劇團恢復工作，又招收了歐麗華、李成、譚傑、郭秀芬、徐允軍、齊信、王希成、高玉娟等學員，並從小城子調來了周玉芬，成為團裡的青年主演。一九八〇年招收劉丹、周秀麗、李秀香、李紅豔、朴銀淑、嚴秀生、郎德富等年輕學員，使劇團演員陣容更加強大。值得一提的是，中央新影樂團指揮李崢一九五八年下放到舒蘭，愛人分配到縣文化館，他留在省歌舞團作樂隊指揮。一九六四年李崢回到舒蘭，留在評劇團作樂隊指揮，為劇目《風雨前後》《友誼壕邊》《新娘子進村》《一粒都沒少》譜曲，分別獲得省、市創作獎。此時評劇團的樂隊水平也達到了鼎盛時期。一九七九年李崢落實政策回北京，任中央歌舞團團長。

舒蘭評劇團總共經過了二十九年風雨歷程，在縣領導的重視關懷下，創造過一定的輝煌，許多獲獎劇目在社會上留下深刻的影響。如《梅香》《紅花處處開》《一粒都沒少》《風雨前後》《友誼壕邊》《新娘子進村》《觀花》，還有《徐九經升官記》《苦菜花》《小女婿》《劉巧兒》《雷雨》等等，尤其是配合理想主義教育的現代戲《劉胡蘭》《焦裕祿》《江姐》《雷鋒》等劇目，得到了縣委領導的充分肯定，要求各機關、單位、學校組織觀看。所以劇團在縣城都是包場演出，到各公社、大隊搭台子演出，還到吉舒以及蛟河、新站等外地演出，受到普遍歡迎。

在各個時期的演出中，舒蘭評劇團湧現出許多深受觀眾喜愛的獲獎文藝工作者：王傑、孟慶良、楊洪明、李崢、楊海波、歐麗華、周玉芬、付俊芝、宋兵占、徐元軍等等。尤其是青年演員劉丹，她主演的《觀花》獲得省、市表演

一等獎，被評劇藝術家新鳳霞收為關門弟子，一九八五年被調到吉林市評劇團工作。

　　應形勢的變化和觀眾的需求，一九八五年八月，舒蘭縣評劇團改編為舒蘭縣文工團，從此結束了在舒蘭縣的評劇演出。

一九四〇年舒蘭修建首家電影院

一九四〇年，舒蘭縣城從朝陽搬遷到現在的舒蘭城區，一九四三年偽滿政府修建了有四百個座位的「舒蘭會館」（現在的小電影院），這就是舒蘭第一家電影院。當時放映的是無聲電影，票價較高，一般百姓是看不起的，因此每個月放映電影的次數少，看的人也不多。

新中國成立以後，一九五〇年，吉林省電影教育工作第十八隊派駐舒蘭縣，在舒蘭廣大農村巡迴放映電影。由於電影隊要對機器進行維修，人員冬季要集中培訓，加之天氣的因素，每年到農村放映的時間也就是半年。由於地廣村多，一年下來有的村還是看不到電影。一九五五年，駐舒蘭的吉林省電影教育工作第十八隊易名為吉林省電影放映第十八隊，又增加了吉林省第六十放映隊，一九五六年又增加第七十四隊和第七十五隊。在此期間電影放映隊的行政管理、人事財務隸屬吉林省文化局電影總隊。一九五三年以後由於放映隊增加了，原來的巡迴十二個區放映，逐步可以擴大到一百〇八個放映網點，每年保證農民能在放映網點按時看到電影。

駐舒蘭放映隊在放映工作實踐中，總結出了「二人操作法」「三人輪換制」的放映經驗，受到了省文化局的肯定，向全省放映隊推廣，並在一九五三年至一九五五年連續被評為一等模範隊和先進放映隊。隊長劉輝被評為全省一等勞動模範。一九五六年，他代表吉林省電影工作者出席全國勞動模範大會，受到了毛主席和其他中央領導的接見。在舒蘭從事電影工作的前輩們勤懇、努力、務實，創造出了輝煌的業績。

一九五八年，吉林省將駐舒蘭四個放映隊交舒蘭地方管理，舒蘭成立了「舒蘭電影事業管理站」；一九七八年該管理站升格為「舒蘭縣電影公司」，隸屬於舒蘭文化局，由吉林電影公司進行業務管理。其下轄十個鄉的電影管理站、城區的人民劇場、平安電影院等基礎單位，有職工一一五人。據一九八五

年末統計：舒蘭共有電影院（俱樂部）十五處，其中城區有二處、廠礦九處、鄉鎮三處、村一處。當年的電影管理站和後來的電影公司在一九五八年至一九八五年共舉辦電影放映技術學習班十三期，培訓電影放映人員三八五人，為當時電影進村提供了技術保證，這三八五人大多數是為行政村培養的本村放映員，放映員的社員身份不變，平時正常參加生產勞動，放映電影時誤工補工。「文革」結束以後至一九九〇年左右，各個行政村逐步都有了放映機。村裡有放映機，又有自己的放映員，這樣農村看電影就大大地方便了，可以說想什麼時間看就什麼時間看，看電影的決定權由縣電影隊改到了村裡。由於村裡自己可以放電影，原來放映隊的人員就由放映改為電影管理工作，所以，當時各鄉都成立了電影管理站，負責影片的發行和電影放映的技術指導。

農村的電影放映從二十世紀五〇年代初一年演一場，到五十年代後期可以一季度演一場，六十年代初至「文革」前可以兩個月演一場。「文革」開始以後，電影曾一度被停演，偶爾上演的都是新聞紀錄片。後來，全國範圍內反覆播放八個樣板戲和《地道戰》《地雷戰》《南征北戰》等電影（人們常說的「三個戰」）。

新中國剛剛建立，文化還是非常落後的。舒蘭的小電影院每次上映新影片，可以說是一票難求，人們為了看上電影，寧可少吃一頓飯，孩子們的零花錢基本都是留著看電影用。人們都有先睹為快的心理，因此，頭幾場電影，電影院外都是人山人海，即使是開演了人們也不願散去，還想等一旦有人退票，自己有機會再看。這樣的現象一直持續到「文革」前。由此可見文化娛樂活動匱乏之時，電影在人們生活中的地位是多麼重要。

當時電影在廣大農村也備受歡迎。年屆八旬的趙景彬老人，是當年駐舒蘭第十八放映隊的隊員，回憶起當年去農村巡迴放映時，難以掩飾內心的激動。他動情地說：「二十世紀五〇年代初，我們去農村放電影，農村沒有電，我們是自帶汽油發電機，用發電機發電供電影機播放電影。農民沒有見過電燈，當我們發電機響起，電燈亮了的時候，場上是一片歡呼聲，那場景是我終生難忘

的。農民沒有看過電影，當影片有火車、汽車出現時，怕火車、汽車軋著他們，好多人嚇跑了。我們電影隊來去時，大人孩子都遠接近送。特別讓我不能忘記的是，在東部山區那裡一位老人拉著我的手說，『我們這地方從來沒有什麼熱鬧，村裡來個鋦爐匠（鋦鍋的手藝人），我們都把出門子（結婚）的姑娘接回來看熱鬧，你們再來放電影早告訴一聲，我把女兒接回來，看電影是我們這的大事。』去哪個屯他們都把最好的食品拿出來給我們吃，今天想起來還是十分感動。農民的熱情和對電影的需求及渴望，激勵我們努力地工作，所以我們那時不分節假日，天天下鄉巡回放映，不計較任何報酬。一九五四年的大年三十我們在單位修理機器，初一我們就去水曲柳演出，整個春節根本就沒在家過。那時候讓廣大農民看上電影就是我們放映人員最快樂的事。」

當時的青年人絕不是在本村看完電影就結束文化娛樂活動的，第二天，鄰村演的時候，年輕人三五成群結伴還是要去看已經看過的電影，連續轉場看三兩天晚上是經常事。特別是「文革」期間，開始只演紀錄片，雖然就是紀錄片的新聞簡報，人們也是撐著看。後來反覆演八個「樣板戲」和《地道戰》《地雷戰》《南征北戰》，人們都能背下了電影台詞，可還是從這屯趕到那個村，看不知道看了多少遍的電影。

電影下鄉巡回放映費用的收取是這樣的：在解放初期，還沒有集體經濟，電影隊入村以後，由村裡安排人挨家挨戶按人頭平均收取。當時有的人家沒有錢，用雞蛋頂錢，然後由村裡賣了雞蛋，把收取的錢交放映隊。有了集體經濟以後，每年年終決算時就預留下年的電影費，這筆錢是專款專用，因為預留得多大家看電影的場次也多。

今天，我們在家裡按動遙控器，就可以看電影頻道的電影；打開電腦點鼠標可以看你想看的任何一部電影。這樣的看電影方式取代了過去的放映電影的模式。可是，那個時候的電影給人們所帶來的歡樂，還是永遠留在那一代人的心裡。

嗩吶合奏創吉尼斯世界紀錄

　　二〇一三年九月十七日，由舒蘭市委、市政府主辦，舒蘭市文廣新局承辦的中國・舒蘭挑戰吉尼斯世界紀錄最大規模嗩吶合奏活動成功舉辦，當場獲得吉尼斯世界紀錄認證官頒發的認證書。

　　近年來，舒蘭市為弘揚嗩吶這一歷史悠久的民間藝術，做了大量的傳承與保護工作，始終把嗩吶藝術作為非物質文化遺產保護的一項重點工程來抓，出台了嗩吶藝術中長期發展規劃，堅持從娃娃抓起，建立了青少年嗩吶藝術培訓基地，將嗩吶藝術納入鄉土教材進行推廣普及，大力扶持民間藝術人才和民間藝術團體，為嗩吶藝術發揚光大搭建了廣闊的空間和舞台。目前，嗩吶藝術在全市已有廣泛的群眾基礎，在豐富人民群眾文化生活、促進社會和諧方面發揮了重要作用。

　　百人合奏嗩吶這樣一種活動形式，進一步傳承和弘揚中華民族優秀傳統文化，打造舒蘭「嗩吶之鄉」文化名片，提升舒蘭城市知名度和美譽度，引導全市人民了解和感受舒蘭文化之美，激發廣大市民熱愛家鄉、建設家鄉的積極性，為推進轉型發展、建設幸福舒蘭做出積極的貢獻。

　　此次嗩吶合奏活動組織了現場公證，參與嗩吶吹奏的有三三七人，其中年齡最大的七十歲，最小的十七歲，表演了《歡慶豐收》等曲目。

　　嗩吶在舒蘭市早已流傳甚廣，尤其在農村廣為盛行。法特鎮西良村位於美麗的松花江畔，是遠近聞名的「嗩吶村」。全村九個自然屯幾乎每個屯都有嗩吶班，「韓家班子」是幾代相傳下來的嗩吶世家，家族上下從老到少二十多口人個個吹得一手好嗩吶。在他們的帶動下，近百名村民學會了嗩吶吹奏，他們還組成好幾個演出班子，依靠精湛的技藝和演奏絕活，常年奔走於省內外，參加各類活動和演出。「吹嗩吶」，不但豐富了百姓的業餘文化生活，而且也成為百姓致富的一個好門路。

▲ 2013 年 9 月 17 日，在舒蘭市幸福廣場，舒蘭市領導出席吉尼斯世界紀錄最大規模嗩吶合奏大會。

▲ 吉尼斯世界紀錄最大規模嗩吶合奏活動現場

▌完顏希尹主題博物館的落成

　　二〇一〇年四月二十日，完顏希尹博物館正式開工，並於二〇一一年八月竣工，為全省唯一的以人物為主題的專題性博物館。

　　完顏希尹主題博物館位於舒蘭大街四六一七號。該館以金代左丞相兼侍中、女真文字創始人完顏希尹為背景，通過實物、場景、微縮景觀的形式予以展示。博物館面積五百餘平方米，展覽文物一百多件，多為金代典型的器物，

▲ 完顏希尹家族住所展區

▲ 博物館展出的遼代石器

如：銅鏡、鐵鏃、陶俑、瓷盤、六耳鐵鍋、鐵犁鏵、青銅飾件、建築構件等。
博物館分兩部分，第一部分是序廳。序廳有兩幅燈箱，分別是完顏希尹生平介
紹和金代疆域分布圖。生平介紹對希尹生卒及官階作了詳細介紹，疆域分布圖
標注了金代疆域及完顏希尹的故鄉納里渾莊在金代版圖中的位置。第二部分是
展廳。展廳首先是金石專家穆鴻利題字「舒蘭是金源之鄉幫，谷神之故里」「金
朝開國之精英，女真民族之倉頡」。通過對完顏希尹在金代政治、軍事、文化
等方面所起作用以及蒙冤而死共四個方面的文字介紹，展廳完整展現了完顏希
尹在金代的功績，再現了金代民俗場景及完顏希尹祖居納里渾莊，並配以金代
典型文物。其中，大型油畫《奄遏水之戰》把完顏希尹在軍事方面的才能表現
得淋漓盡致。女真文字浮雕再現了當年完顏希尹在文化方面的傑出貢獻。

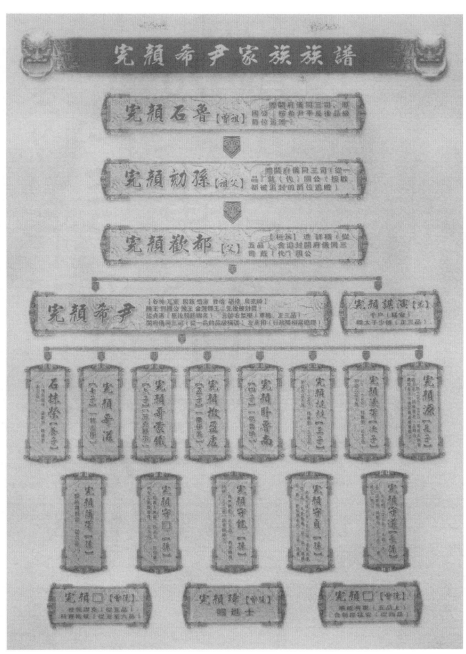

▲ 完顏希尹家譜

▲ 遼金時期石器

▲ 完顏希尹家族服飾展區

▲ 完顏希尹博物館金代民俗展區

▲ 完顏希尹博物館展區

舒蘭市大地行文化發展有限公司成立

　　舒蘭市大地行文化發展有限公司，性質為國有獨資，注冊資本五百萬元人民幣。公司主要經營文藝創作及演出、旅遊資源開發、影視製作、體育、文化藝術培訓、藝術品經營、書報刊經營、電影放映等。公司所屬的文體中心占地面積五九〇〇平方米，建築面積一點五萬平方米，主要經營內容有游泳館、劇場、娛樂廳、會展廳、健身房、體育館、休息廳等。文體中心後面建有集休閒、健身、演出活動於一體的綜合性體育廣場「幸福廣場」，占地面積約六三〇〇平方米，可同時供千餘人娛樂健身。

　　以大地行文化發展有限公司為載體，舒蘭市正在建設文化產業園。產業園是一個以文化創新和服務大眾文化消費為目標，按照文化產業業態合理規劃，

▲ 舒蘭市大地行文化發展有限公司外貌

▲ 舒蘭市大地行文化發展有限公司書畫院

綜合文化產品的生產、文化娛樂消費和
體驗現代文化服務等於一身的集約規模
化的文化娛樂產業群。舒蘭市文化娛樂
產業園占地面積十萬平方米，現建有：
藝術品交易展覽中心、文化體育用品銷
售一條街、文化藝術中心、全民文化體
育活動中心、電影城、完顏希尹博物
館、兒童娛樂城等。規劃建設中的還有
「二人轉」劇場、舒蘭市綜合博物館等。
該園區建成後，將成為全市新的經濟增
長點和促進文化大發展的重要平台和載
體。

▲ 舒蘭市大地行文化發展有限公司書
畫院

▲ 舒蘭市大地行文化發展有限公司

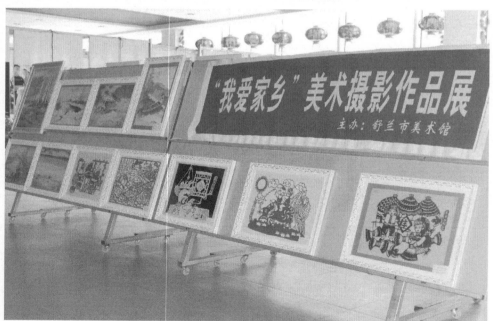

▲ 舒蘭市大地行文化發展有限公司美術攝影展

▲ 舒蘭市大地行文化發展有限公司電影廳

▲ 幸福廣場

第三章 ——

文化名人

在舒蘭這片生機勃勃的土地上，勤勞勇敢的人民創造了輝煌的文明，細鱗河文化濡養了一代又一代的舒蘭人。這裡誕生了金戈鐵馬、揮斥方遒、指點江山的將相，孕育出了胡昭、金克義等一批全國聞名的作家和詩人，湧現出了王景堂、馬淑琴等老藝術家，同時也樹起了王雲鵬、焦桂英等大批的文藝中堅……時光雖然遠去，但一個個鮮活的人物都在歲月的大地上留下了他們深深的印跡……

金代左丞相——完顏希尹

　　完顏希尹（？-1140 年），幼名古神（谷神、固新），又名兀室（亦譯悟室、胡舍），出生在世代顯赫的女真貴族家庭裡，是女真貴族中很有作為的上層統治者，金代的開國功臣，傑出的政治家，卓越的軍事家，女真文字（大字）的創制者。完顏希尹祖籍按出虎水（黑龍江省阿城區阿什河）完顏部，世居金上京會府府轄地冷山（今舒蘭市小城鎮新開嶺）腳下的納里渾莊。(《吉林新志‧古跡卷》《中國歷史地圖集》第六冊）完顏希尹一生中主要政治活動時間在十二世紀二〇年代前後，即太祖、太宗和熙宗前期。在遼道宗（耶律洪基，1055 年-1101 年在位）末年，金太祖阿骨打起兵反遼，完顏希尹為重要謀士，常在行陣，「比有功」，先後在軍中任都統制、經略使等職。遼天慶五年（1115 年）正月，輔佐阿骨打繼皇帝位，國號大金，改元收國。收國二年（1116 年），完顏希尹率兵破遼東京遼陽，斬遼將高永昌於長松島。金元輔元年（1117 年），降遼將耶律作賭。天輔四年（1120 年），金攻占遼上京臨黃府，完顏希尹隨國相勃極烈吳乞買、宗翰，「悉師渡遼而西」，攻打遼中京大定府，次年攻下遼中京。後招降訛裡刺，削弱了奚王回離保的勢力，擴大了金的版圖和影響。同年，遼兵聚於北古口，完顏希尹、婁室請以千兵大破遼兵，殺千餘人，獲馬百餘匹。同年三月，隨宗翰追遼主於鴛鴦濼，希尹為前驅，「幾及遼主於白水濼」，追至已室部。這次戰斗結束，宗翰入朝，完顏希尹權代西南、西北兩路都統。天會二年（1124 年），遼天祚帝謀劃出兵收復燕雲，南下武州（山西神池西），遇希尹軍戰於奄遏下水。完顏希尹率山西漢兒鄉兵前驅，以金兵千餘騎伏山間，遼兵驚潰，天祚帝南逃。完顏希尹派婁室領五百騎追擊，於天會三年（1125 年）二月生擒天祚帝於余賭谷（山西朔州，今朔縣阿敦山之東），遼亡。但耶律大石仍在可敦城一帶積蓄力量，準備與西夏「合兵以取山西諸部」。完顏希尹向太宗建言，嚴防大石與西夏聯合。太宗採

納了這個意見，對西夏採取聯合政策，對金稱藩。西部邊境大體穩定下來後，他們把進攻矛頭指向北宋。金兵大舉伐宋時，完顏希尹為元帥右監軍。金天會五年（1127年）第二次攻伐北宋，俘虜宋徽宗、宋欽宗，北宋滅亡。因有功，金太宗賜以「鐵券」。後隨宗翰伐康王，完顏希尹追至揚州，康王逃至海上。完顏希尹作為軍事將領，屢戰有功，顯示出卓越的政治、軍事才能，為太祖一再重用，也得到太宗、熙宗的提拔和重用，先後由經略使升為元帥右監軍、左監軍，進而當上了尚書右丞相、左丞相兼侍中，一度掌握著金朝的軍政大權。完顏希尹不僅是位著名的軍事家，還是一個具有遠見卓識的政治改革家。他注重發展女真文化，是積極學習和吸取漢文化的代表人物。金建國前，女真族尚無文字，以「草木青黃」紀年，以「刻箭記痕」為號。建國後，政令、文書均用契丹文字，很不方便。天輔二年（1118年）九月，完顏希尹受命創制女真

▲ 完顏希尹頭像

文字，謂之女真大字，使女真文化向前推進了一步。到明萬曆二十七年（1599年）創制滿文頒行國中止，大體通行了四百多年。完顏希尹注意學習中原文化。金兵攻陷北宋京城汴梁開封府時，身為元帥右監軍的完顏希尹，沒去爭珍掠寶，卻「獨先收宋圖籍」。南宋建炎三年（1129 年），通問使洪皓使金，羈留雲中（大同），留遞冷山（希尹家庭居地）。洪皓博學多才，完顏希尹讓洪皓在他家裡講學教書，「使教其八子」，歷經十年。女真族入主中原，社會經濟制度呈現出奴隸制與封建制並存的錯綜複雜局面。為了鞏固金朝的政權，金朝統治階級必須改革那些不適應經濟基礎的制度。作為尚書左丞相兼侍中的完顏希尹，成了熙宗改革的重要助手和決策人。在熙宗的支持下，完顏希尹先後推行了「革新官制」「廢偽齊政權」「營建都城」「制定禮儀」等改革。但完顏希尹因時制宜、成一代之法的改革，卻引起了抱殘守缺的宗室貴族宗磐等人

▲ 完顏希尹博物館

的反對。

天會十五年（1137 年），宗磐利用尚書左丞相高慶裔被告貪贓下獄處死之機，株連宗翰一派。天眷元年（1138 年）七月，完顏希尹被排擠罷官，降為光中尹。宗翰抑鬱死去。天眷二年（1139 年）正月，完顏希尹復為尚書左丞相兼侍中，封為陳王。三月，熙宗命百官「詳定儀制」。六月，宗磐黨羽謀反，熙宗果斷粉碎了宗磐集團的政變陰謀，完顏希尹改革取得勝利。完顏希尹是開國元勳，為人剛毅正直，「動靜禮法軍旅之事暗合孫吳，自謂不在張良陳平之下」，鋒芒畢露，「素為諸將所忌」。天眷年間（1138-1140 年），悼平皇後自「正位中宮」後，持寵專權，干預外政，完顏希尹「裁抑悼後之驂乘」，「杜遏其漸」，伸張正義，「由是大忤後旨」，得罪了悼後。完顏希尹的改革在遭受保守派反對的同時，又遭到改革派同僚宗弼的嫉妒。宗弼又名兀術，曾是完顏希尹的部下，同南宋的攻戰中，常常是勝負參半。天會十五年（1137 年）提為右副元帥，後為太保，領行台尚書省，都元帥。天眷三年（1140 年）九月，宗弼朝見熙宗，辭行時，眾官員在兀術住地餞行。夜闌酒酣，完顏希尹飲酒過量，口出狂言，稱宗弼為「鼠輩」，宗弼對希尹懷恨在心。第二天，宗弼聯合悼平皇後，誣告完顏希尹私下議論皇帝熙宗無子，皇位無傳。熙宗大怒，遂以「奸狀已萌，心在無君，言宜不道」的罪名，下詔將完顏希尹賜死，並把完顏希尹的兩個兒子把答、漫帶和左丞相肖慶同時殺掉，株連家族數百人，造成特大冤案。三年後，真相大白，完顏希尹冤案得到平反昭雪，恢復名譽，「贈完顏希尹儀同三司，邢國公，改葬之」，葬在舒蘭市小城鎮新開嶺西麓完顏希尹家族墓地。

女真人在勞作中創造的，經過完顏希尹歸納整理升華為規範化、系統化，具有民族特色的女真文字，是完顏希尹對我國民族語言文化的一大貢獻。

「樺皮四書」之父——洪皓

▲ 洪皓畫像

洪皓（1088 年-1155 年），字光弼，徽宗年間進士，宋代著名詞人，少年時代有經略四方之志，歷任台州寧海主簿，秀州錄事參軍。

建炎三年（1129 年）五月，宋高宗準備再次將都城由臨安遷往建康（今南京市），以避開金軍的鋒芒。擔任秀州錄事參軍的洪皓，不顧自己職位卑微，慷慨陳詞，上書阻止。他的意見雖然未被採納，但是才華和勇氣得到賞識。高宗特意召見他，提升他為徽猷閣待制，以禮部尚書之名出使金國。未曾料想，這一次出使，洪皓竟然被滯留在金國十四年，其中有整整十年的時間，是在吉林境內的冷山（今舒蘭市小城鎮境內）度過的。

冷山是金朝開國重臣完顏希尹家族世居之地，洪皓以他淵博的學識和聰明才智，很快贏得尊重。完顏希尹破例讓他教授自己的八個兒子讀書，這一教就是漫長的十年。

既然不能歸宋，能夠在此傳播中原文化，也算是不虛度光陰。可是，當地既沒有任何書可以讀，又沒有紙張筆墨可以寫，最後，他想出辦法：在大雪封山、長夜難熬之際，取來樺樹皮做紙，以鹿毛、羊毫綁在蘆管上做筆，將冷山當地出產的一種黑色滑石，碾成粉末，充作墨汁，又憑博聞強記，將平生所學的經典《論語》《孟子》《大學》《中庸》全文默寫下來。他以這套「樺皮四書」作為課本，教授村人子弟。師從洪皓的完顏氏後人，後來有很多成為金王朝政治社會生活中叱吒風雲的人物。洪皓也因此成為吉林教育史上有史料記載的第一人，他的「樺皮四書」記錄著千古不朽的冷山佳話。

▲ 完顏希尹博物館中洪皓畫像

　　洪皓不但精通經學、史學，也精通詩文辭賦。在遠離故土的冷山，他寫下上千首詩詞，金國人爭相傳閱。他的詞多為憂國憂民之作，如《浣溪沙・聞王侍郎復命》：「南北渝盟久未和，斯民塗炭死亡多，不知何日戢干戈。」紹興十三年（1143 年），金熙宗喜得貴子，大赦天下，允許宋朝使者回歸。洪皓與眾多使者都在被赦之列，一起踏上了回歸南宋的路。十年冷山生活留給洪皓的記憶太深刻了，他對金國的自然地理、歷史沿革、經濟社會、風土人情、禮儀制度、政治制度以及物產等都進行了較全面的考察，積累了大量的歷史資料，曾著有《松漠紀聞》一書。後擔心被金人搜獲，只好用火燒毀，後其子重新加以整理。此書是關於東北史的最早典籍，曾被收入原吉林師範學院古籍所整理出版的《長白叢書》系列，至今仍具有很高的史料價值，是後人研究和考證金史、遼史、東北史、北方民族史的案頭必備書。他的詩文經後人整理為《鄱陽集》和《鄱陽詞》，至今仍可以讀到。此外，他還著有《金國文具錄》一書。

舒蘭首任知縣——廖楚璜

　　廖楚璜（1868 年-1937 年），字麓樵，湖南寧鄉人。幼時家境貧寒，少有大志，勤奮而好學，清朝光緒年間舉人。後被選送入日本弘文師範留學，歸國後與他人在長沙共同創辦了城南優級師範及周南女校。在奉天任方言學堂的監督，後又充任提學使司署的科長。一九〇七年，他被奉天學務公所選派為省視學員。一九一〇年初，舒蘭設治局成立，廖楚璜以特委候補知縣的身份參加了吉林省民政使組織的舒蘭、額穆（蛟河）兩縣實地勘界活動。二月中旬以後，就縣城地址的選擇，他親自勘察，多次會同舒蘭域內紳商共議城址。他力排眾議認為：「朝陽川（俗稱搶坡子）商業繁盛，有居民數百家，地處東、南、北三鄉進省城的要道，是設置縣城的理想之地。」報經省民政使司核准同意，朝陽川（朝陽鎮）為舒蘭縣縣城。

　　一九一〇年四月二十七日，吉林巡撫陳昭常奏請添設舒蘭縣，朱批「准予設民官治理」。舒蘭正式設縣，吉林公署委任廖楚璜為知縣，組成正堂，總攬全縣政事。

　　廖楚璜出任舒蘭縣知縣後，他非常關注民生，關愛百姓，他把在國外學習到的先進科學技術和現代管理方法予以應用。僅兩年時間舒蘭的經濟、交通、教育、衛生、治安等諸方面都有很大的變化，同時他也得到了舒蘭百姓的愛戴。

　　廖楚璜任職當年，正是東北發生鼠疫之時。他及早果斷地採取有效隔離防疫措施，對疫區封鎖隔離，對死難者焚燒或深埋，消滅疫源。他不怕傳染疫病，親抵域內疫區巡察，沿途辦理防疫事宜。為加強對疫情的長期防控，他成立了舒蘭縣防疫局和防疫檢驗所，使防疫工作進入常態化管理。由於他採取一系列有效的防、治、管措施，舒蘭鼠疫比其他縣更輕。

　　清朝末年國人抽大煙（鴉片）盛行，多少家庭因抽大煙而家破人亡，勒限

戒煙（鴉片）是地方政府一項重任。他頒布了凡私種大煙、開設煙館、私藏煙土者，除照律辦罪外，所有房產、土地一律查封，私吸者除將本人辦罪外，還要酌量家產重罰；知情不舉者，一並連坐懲處等各項嚴厲的條令。他還親抵農村勘查禁煙、拔罌粟苗、沒收煙具、獲拿煙犯。他及時、嚴厲地勒限戒煙，拯救了無數人的生命，挽救了無數個即將毀滅的家庭，其政績永垂史冊。

舒蘭東部荒地多，他以優惠的條件鼓勵民眾開荒，修倉積穀，以備荒年，此舉深得民心；籌劃舒蘭水利建設，疏通溝渠，減輕水患；修築道路橋梁以便交通，促進物資貿易交往；普及教育，籌辦學務，聘請教育名人，成立勸學所，創立舒蘭縣初、高等小學；先後在白旗、水曲柳崗街、小城、新街等地成立四所官立初等小學，為舒蘭官辦小學堂之始；同時，他鼓勵私人辦學，使更多的人能有讀書的機會。沒有他打下的重視教育的良好基礎，就沒有舒蘭人才輩出的今日。

他經常帶警團巡閱各區，加強各區的自衛力量，請購民槍，以御匪盜，使社會治安有很大的好轉，確保一方百姓平安。

社會要進步，就必須摒除陋習，他要求男人剪除髮辮，嚴禁賭博、淫巫、偷盜等鄙俗，講究衛生，提倡按戶設廁，倡導社會文明。

他知人善任，起用一批有文化、有能力的人輔佐行政。如任譚維翰為縣事會長兼財務處主任；任林清選、徐子雲等為勸學總管。他的治縣綱領很快得到了落實，更讓百姓得到了實惠。

廖楚璜籌建舒蘭設縣和任知縣兩年有餘，其間銳意吏治，惠及民生，治事勤恪，政績斐然，深得民心。

民國元年農曆五月廖楚璜去農安任職。在他離任之時舒蘭人民敬仰他，自發地紀念他，在他離任之時必經的西城門外路北五十米處（現在朝陽小學西大牆外）立一座「廖公紀念碑」，來表達舒蘭人民知德報恩、銘記首任縣官廖楚璜的恩澤。

紀念碑是由三塊漢白玉製作的碑座、碑身、碑額組成。碑身高一點八米，

▲ 廖公紀念碑

寬○點七三米，厚○點二四五米。碑額雕刻二龍戲珠及七鏤孔；碑身前後的四周都雕龍形圖案，正面刻著「廖公紀念碑」五個大字，右側「麓燕公祖始治舒二年有奇民清愛戴今故其去泖此以志去思以」，左側「中華民國元年五月穀旦邑民民公立」的小字，背面刻著「民不能忘」四個大字，碑座和普通的碑座沒有大的區別。

　　民國二十九年（1940 年）七至九月間，舒蘭縣公署由朝陽川遷至四間房（舒蘭市區）。這一紀念碑也隨縣城遷至舒蘭公署院內（原舒蘭市政府院內）。後來因此碑贊揚的是封建統治階級的官僚，被推倒就地掩埋了碑身，碑座、碑帽已失落。舒蘭市政府搬遷新址，施工單位對原政府進行拆遷時發現此碑身。此碑慶幸被埋六十餘年，躲過「文革」，免了粉身碎骨的滅頂之災，才有今天重見天日之時。

　　適逢盛世，可以全面客觀公正地評價舒蘭建縣第一知縣廖楚璜。廖楚璜治理舒蘭兩年，赫赫政績，深得民心。民心不可欺，百姓心裡有桿秤。

　　「廖公紀念碑」鐫刻著那八個大字：「民不能忘」「以志去思」，是樸實的舒蘭人對即將離任的廖楚璜的真情表達，是對他治舒二年最好的評價。

　　今天，此碑已經列為國家三級文物予以保護。現「廖公紀念碑」重新立於舒蘭市圖書館一樓大廳，向世人展示，並有專人介紹他在舒蘭的功績，以此來紀念我們舒蘭人不能忘記的知縣——廖楚璜。

愛國名醫──孫宗堯

　　孫宗堯（1895 年-1985 年），名紹堂，字宗堯。吉林舒蘭人，吉林「希天醫院」創始人，著名愛國醫生。

　　一八九五年一月二十六日，孫宗堯出生於舒蘭市房身崗屯一戶貧苦農民家庭。他的父親孫稟成是位體弱多病的農民。他常去請一位老中醫給父親治病，並借機跟老先生習字，慢慢地對醫道產生了興趣，決心長大也當名醫生，為所有窮苦人治病。

　　一九一一年，他跟著表姐黃文石來到省城吉林市。在舅姥爺、女師校長王文珊的周濟下，補考入一中讀書，後考入奉天（沈陽）南滿醫堂。當時，吉林省共報名一百多人，只考取了孫宗堯等六名官費生，每月學費十五元。

　　一九一九年九月，孫宗堯和梁士宣、鐘毓甫、王樹春、蘇延生、李東元等六人，通過吉林教育廳于慕忱的關係，半費去日本留學。

　　他到日本後，插班入東京醫科大學。一九二〇年畢業，到日本無家路島「養育院」進行為期兩年的實習。他的內科臨床課就是在這裡上的。他的教師東京醫大教授碓居龍大（給天皇看病的老醫生）是「養育院」的主任。教師給他的研究題目是「血液成分」，對此他發表了四篇附屬論文。

　　在「養育院」工作期間，他與好友王希天、王樸山等人共創僑日華工共濟會。王希天任會長，王樸山負責教育部，他負責醫療部。一九二二年九月，他聯合留日學生陳卓、郭琦元、孫尊行、胡育英等人，建立了共濟會醫療部和藥局，在全面普查華工情況的基礎上，按時為華工普查身體狀況和巡迴醫療，無論病多重，每次只收診費三角。每天，他早出晚歸給華工看病，每當他穿過雜草叢生的鄉間小路，走過蛙鳴喧囂的田埂地時，便想起放豬時讀過的一首古詩：

　　何處亂蛙聲，斜陽水伴城。

是誰觸爾怒，亦作不平鳴！

他就是在這樣的心境下，努力為華工們貢獻自己的力量。

一九二三年九月一日，日本東京、橫濱一帶發生了亙古少有的大地震。日本反動當局借機逮捕和殺害了僑日華工領袖王希天，並將共濟會的所有創辦人都列入了黑名單，伺機迫害。對此，中國政府、人民團體和留學生代表等多方追究、抗議，但血案塵封，交涉延宕。他悲痛地拿起相機，對著被服廠地震燃成的巨大火堆，拍下了一張珍貴的歷史照片帶回國內，這裡埋葬著好友王希天的遺骸。在回國的海上漂流期間，他想起了當年送蘇延生骨灰時所作的一首詩：

天蒼蒼啊，

海茫茫！

送君歸國兮，

欲斷腸……

此外，又奮筆寫下了《歸國口占》詩二首。

他懷著悲憤的心情回到了當年的省城吉林市。為了紀念老友，他拒絕了省府醫務界的官職聘請，多方連繫，建立了一所反映老朋友王希天愛國獻身精神的醫院——「希天醫院」。

「希天醫院」從一九二四年建立，到一九五〇年新中國成立後，歷時二十八年，其間曾在一九三一年遷到吉林市琿春街五十一號，擴建了新房，規模和設備已很可觀了。在這漫長的歲月裡，孫宗堯一直履行他的辦院宗旨：紀念老友王希天，發揚希天的愛國獻身精神，堅持救死扶傷：堅持為慈善事業、學校團體和社會救濟而義務行醫；堅持普及科學知識，改變「東亞病夫」的狀態，提高人民的健康水平。他言行一致，艱苦摸索，留下了許多動人事跡。

一九四九年，新中國建立了。孫宗堯的心情豁然開朗，他望著冉冉升起的五星紅旗，欣喜若狂。一九五〇年，他將「希天醫院」的全部資產交付國家，自己帶領所有的工作人員積極投入社會主義建設事業之中。後來，在「希天醫

院」的基礎上，建立了兒童醫院，他繼任院長，直到一九六五年離休，這位愛國醫生還參與政協工作，他把一生的精力都獻給了自己熱愛的祖國。

孫宗堯一生愛國，不忘好友希天的獻身精神，勤勤懇懇地為人民服務。在晚年，他們夫婦還義務帶出不少學日語的學生；幫助史學工作者考證歷史；受周總理委托為王希天寫回憶錄；把自己珍藏的大量文物無私地獻給國家。直到他九十歲，在彌留之際，還叮囑後人，將當年「希天醫院」的那個掛鐘送存博物館。

一九八五年四月十五日，這位著名的老醫生終於離開了我們。他那愛國愛民的崇高品德，將永遠激勵著我們為振興中華、建設新吉林而奮鬥。

「二人轉」大師——李青山

李青山（1904 年-1978 年），祖籍山東，生於舒蘭縣溪河鄉蒼石村貧苦農家，吉林省著名「二人轉」藝人。他一生為民間藝術的發展與繁榮做出了很大貢獻。李青山已載入《中國百科全書·戲曲曲藝卷》《中國藝術家辭典》（現代第四分冊）、吉林省《「二人轉」辭典》。一九七八年四月二十四日，因病在長春市逝世，終年七十四歲。

李青山幼年酷愛民間藝術，十五歲投師張相臣學唱「二人轉」，十八歲以後逐漸成為吉林省東部地區的名唱手。他唱旦角時，取名為「大金鑲玉」，他的嗓音清脆響亮，韻味醇厚，「說口」有獨到之處，尤以即興編演的說口更為聽眾所歡迎。三十歲以後他改唱下裝（丑）角。李青山戲路寬，演唱起來變化多端，全身都是戲，靈活得就像一台機器一樣，故又名「大機器」。李青山能演唱劇目九十三個，唱功實授，動聽感人，說話幽默詼諧，令人發笑。代表劇目有單出頭《洪月娥做夢》《摔鏡架家》，「二人轉」《潯陽樓》《包公賠情》《西廂》《蘭橋》《二大媽探病》等。

一九四八年，李青山參加土改隊和擔架隊，支援前線。中華人民共和國建立後擔任教師，培養出不少有成就的演員，為創建吉劇這一新興劇種做出了貢獻。晚年出版《談藝》《小傳》，總結了他的藝術經驗和經歷，頗有影響，編入《「二人轉」史料》（吉林省戲曲研究室編）。由他口述，于永發記錄整理的《寒江》《馬前潑水》等幾十個劇目，分別由出版社出版或內部出版。

李青山從一九五一年十二月參加「東北第一屆音樂工作者會議」以後，思想認識上有了飛躍，基本分清精華與糟粕。在後來的演出中杜絕了醜態怪相，去掉了粉詞（髒詞），成為一名真正的新文藝工作者。

在舊社會，李青山領班唱戲，藝人都願意投奔他，說他「人緣好，有班運，食不黑，財不黑，心不黑」。他自己也常說：「有人說隔行如隔山，同行

▲ 李青山同「二人轉」老藝人合影

▲ 李青山在吉林省戲曲學校苦練基本功

是冤家；我認為同行是親人，人不親，藝親；藝不親，呱打板還親呢。」藝人只要找到他，他便好吃好喝地招待對方，臨走還給盤纏。解放後，他成了「二人轉」劇團的台柱子。但他不驕傲，平易近人，尤其對學員耐心傳授技法，沒有「教會徒弟餓死師傅」的保守思想。對生活有困難的同志，常常解囊相助。

一九六〇年春節，李青山以長春市人民代表的身份參加了市政協參觀團，到北京過春節。在京期間，參觀遊覽使他大開眼界，更增加了對共產黨、毛主席的感激之情，提高了執行無產階級文藝路線的自覺性。到北海公園參觀焰火晚會回來後，激動得一宿沒睡覺，當即編了順口溜：

舊社會的要飯花，沒有國也沒有家。

翻身解放樂開花，新中國到處是我家。

一九五〇年以後，李青山相繼在舒蘭縣文工隊、吉林省文工團、長春市文工團、長春市東北地方戲隊、吉林省戲曲學校等文藝單位工作。一九五六年，李青山被選為舒蘭縣第二屆人民代表大會代表；一九五七至一九六一年連續被選為長春市第二屆、第三屆、第四屆人民代表大會代表、政協委員。

一九六六年李青山離休了，但他並沒有在家享清福，又當上了居民組的組長，每次會前會後，他配合工作任務，打起竹板演唱幾段。街道、派出所經常表揚他，還發給他「先進治保委員」獎狀，贊揚他人老心紅。

「二人轉」老藝人——王希安

王希安（1920 年-1988 年），藝名金鑲月，生於舒蘭市白旗鎮烏金屯村。終身從事「二人轉」藝術，是「二人轉」著名演員，對「二人轉」藝術的創新與發展做出較大貢獻。

他出生在一個比較富裕的家庭，因此他比同齡小孩多讀幾年書，為以後從事「二人轉」藝術打下了良好的基礎。因為他天生聰明好學，詼諧幽默，學什麼像什麼，具有表演的天賦，所以人們都說他是唱「二人轉」的料。

王希安的家鄉烏金屯村，離「二人轉」泰斗李慶云家鄉敖花村很近，李青山、李慶云經常在敖花村一帶演出，王希安從十多歲的時候就跟隨劇班看演出，李青山發現了他的天賦，收他為徒。經過師傅的精心培育和自己的刻苦努力，他很快就成為劇團的主要演員。

在舊社會，「二人轉」演員社會地位很低，屬於下九流。王希安和其他藝人一樣，也受盡壓迫和欺凌，憑著要吃飯穿衣的生活需求和對「二人轉」的熱愛，他們走村串巷，堅持演出。

一九四四年，他被派往前郭旗坨尼嘎出奉仕（勞工），奉仕隊的活又苦又累，他還給奉仕隊兄弟在勞工棚裡演唱。在那裡他遇見了異地的同行，他們互相交流、切磋二人轉的一些演技，接受了不同的演技風格，他的表演藝術又有了新的提高。

一九四七年十月十日，中共中央公布《土地法大綱》之後，土改運動席捲全國，民間藝人也獲得了新生。舒蘭縣藝人李慶云獲選為敖花屯的農會主席，懷著翻身後的喜悅，他李青山、韓鳳林、王希安等人組成「二人轉」戲班子。他們配合當時黨的中心工作，創作演出了「二人轉」劇目《窮人翻身》《搞生產》《送郎參軍》。這些節目歌頌黨的領導，鼓舞翻身農民士氣，對支持解放戰爭起到了積極作用。

▲「二人轉」演員下鄉演出

　　新中國成立以後，王希安也迎來了「二人轉」藝術的春天，在「提倡文學藝術為人民服務」的精神指引下，他樹立了為人民服務的思想，參加舒蘭縣農民劇團（後為舒蘭縣文工隊）。與李青山、李慶云、韓鳳林等演員和吉林省的著名演員一起，在吉林省和吉林市、吉東地區、舒蘭縣的廣大農村陸續演出了《農業大生產》《勝利年》等節目。這些節目結合國情，配合黨的中心工作，不僅起到了宣傳黨的方針、政策，教育群眾的作用，也使他本人的思想覺悟有了飛躍。

　　多年來王希安在師傅李青山的指導下，虛心向同行學習，努力鑽研業務，他的演技已經爐火純青，在吉林省有一定的知名度，曾多次應邀去省、市匯報和慰問演出，為文藝團體傳經送寶。

一九五二年九月，為了宣傳貫徹中共中央《關於農業生產互助合作的決議（草案）》，舒蘭縣文工隊參加了吉林省舉辦的全省文藝競賽大會，由王希安執筆、他和李青山主演的反映互助合作的「二人轉」《雙回頭》，得到了與會者的好評，並獲得了一等獎。

　　就是在這次演出中，榆樹縣節目的排序在先，開場節目的服裝款式新穎，紙扇鮮豔，舞蹈紅火。他和李青山演出的《雙回頭》安排在最後，他倆穿著普通的演出服，手中的紙扇用的時間久，又破又舊。他們決定換新扇，由於沒有備用的，只好去商店買新紙扇。跑了幾個商店結果都沒有紙扇，情急之下忽然看見了彩綢，他們急中生智，商量一下，按扇面的大小，扯兩塊彩綢，趕回劇場後台，匆匆忙忙把彩綢糊在紙扇上；綢面長出扇子骨近十釐米，又沒有剪刀剪。此時，已經到了他們出演的時間了，他們臨時決定：「長出的纓不剪了，就拿新糊的扇子上！」嘴裡這麼說，但心裡卻很緊張。沒想到，演出後大家都說：「《雙回頭》帶纓的綢扇新穎別致，舞起來優美好看。」台下觀眾和觀摩的同志誰也沒有想到，這兩把扇子是解決燃眉之急的產物。從此，這種樣式的纓綢扇在國內外廣泛流傳。

　　一九五三農曆七月，在舒蘭縣委、縣政府的關懷下，專業性的舒蘭縣文工隊正式建立了，共十幾人。隊長是李慶云，王希安任副隊長。

　　舒蘭縣文工隊的演出水平高，宣傳作用大，名聲越來越響亮。一九五二年冬，中共吉林省委宣傳部組織整黨慰問團，專調舒蘭縣文工隊全體藝人（李慶云、李青山、于乃昌、張文學、韓鳳林、王春、張成富、王希安等十幾人）參加整黨慰問團，先後到懷德、農安、前郭旗、扶余、長嶺等縣，為整黨訓練班演出了《雙回頭》《走合作化道路》《奔向光明》等節目。文工隊每到一地都受到黨政領導和群

▲ 周恩來與王希安等演員親切握手

眾的熱烈歡迎。

二十世紀五〇年代中期，吉林省文化部門為了搶救保護二人轉傳統劇目，對傳統劇目進行口述、發掘、整理、校訂。王希安參與《小王打鳥》《西廂》《李達奪魚》《藍橋》《佘太君辭朝》《楊八姐遊春》《二大媽探病》《大觀燈》《劉云打母》《回杯記》《馮魁賣妻》等十幾個劇目的搶救，為「二人轉」的搶救、發掘做出了積極的貢獻，在傳承祖國傳統文化和人民的藝術方面功不可沒。

難忘的是一九六二年六月二十四日，敬愛的周恩來總理來吉林視察。在吉林市東關賓館，王希安和孫桂蘭（永吉評劇團演員）為敬愛的周總理演出了「二人轉」《劈關西》。劇情是魯達上梁山前，打死鎮關西的故事。在二人演到魯達找茬要收拾鎮關西的「說口」時，周總理被詼諧幽默充滿地方特色的說辭逗樂了。演出後周總理接見了王希安和其他演員，並親切地說：「『二人轉』是勞動人民的藝術，很有生命力，希望你們要把它很好地發展起來。」周總理同演員合影留念。為周總理演出是他一生最大的幸福。他牢記周總理「『二人轉』是勞動人民的藝術」的教導，下定決心要把「二人轉」很好地發展起來。

「文革」期間，二人轉劇團被解散，演員遭批鬥，演出服裝被燒毀，最後演員被下放農村改造。王希安和全體演員一樣，逃脫不了這場厄運，回到了老家白旗公社烏金屯村勞動改造。五年以後有關政策開始落實，他去溪河公社文化站工作。粉碎「文革」以後，他調回舒蘭文工團，正式從事了他夢寐以求的「二人轉」事業。王希安和其他文藝工作者一樣，迎來了第二個春天。他擔任舒蘭文工團業務團長，不辜負周總理的囑托，「一定把『二人轉』很好地發展起來」。他滿懷激情投入了「二人轉」的培訓、排練、演出工作，他要把耽誤的時間搶回來。此時他已年近花甲，但他還像年輕人一樣，唱、說、扮、舞、絕，他都以身示範，帶出一批又一批學員。為了舒蘭「二人轉」事業能夠後繼有人，他不辭辛苦、夜以繼日地工作。

「二人轉」是一人演多角，需要變相，「人變境變，全靠一轉」。王希安多年從藝總結出來的演技經驗是：「變相，心先變。心一動，面目表情就變了，

戲就帶出來了。兩個人對唱，咋變人物？變換人物有時一轉身，有時挪動一步，聲音變，相變，動作變。如果心不在戲上，咋變也裝不像。」「變相，心先變」，雖然只有五個字，卻是演好「二人轉」的精髓，也是他多年從藝的心血鑄就的至理名言。這五個字已經成為「二人轉」演員的法寶。

「文革」後，王希安和舒蘭著名「二人轉」演員姜柏珍參加了吉林市組織的文藝會演，演出了楊洪明寫的《春天的禮物》，獲得市政府的獎勵。這獎勵是對他多年從事「二人轉」藝術的認同。

著名詩人——胡昭

　　胡昭（1933 年-2004 年），生於舒蘭縣暖泉村，滿族正白旗人，祖籍河北寶坻縣，祖上是騎兵。一九四七年參軍，歷任東北民主聯軍四縱隊某部獨立團宣傳隊員，中共榆樹縣委宣傳部幹事，吉林日報社副刊組編輯，《作家》雜誌編輯，吉林省作家協會專業作家、副主席、顧問，文學創作一級。中國作家協會第四屆理事、第五屆全國委員會委員及少數民族文學工作委員會第四屆、第五屆成員。一九四九年開始發表作品。一九五三年畢業於中央文學研究所。一九五六年加入中國作家協會。

　　胡昭十三歲時被送入吉北聯合中學讀書，在校長李又然的指導下讀書寫作。一九四七年加入東北民主聯軍，在「北八」獨立團宣傳隊當班長。一九四八年十月從部隊調回中共榆樹縣委宣傳部，年底調入《吉林日報》副刊組任編輯。一九五〇年進入北京中央文學研究所，與陳登科、徐光耀、馬烽等一批作家一同學習。當時在班上因年紀最小，被同學稱為「小胡昭」。學習期間曾去朝鮮戰地生活實習、去廣西參加土改。一九五三年春畢業後留校數月，秋季回吉林，在省文聯任專業作者、《長春》月刊副主編，並開始在全國詩壇嶄露頭角，被稱作「青年詩人」。一九五五年他開始先後出版詩集《光榮的星雲》《草原夜景》《小白樺樹》等。其中短詩《軍帽底下的眼睛》為詩壇所矚目。一九五七年反右鬥爭中被打成右派，從此在詩壇上沉寂長達二十一年。一九七九年右派問題得

▲ 胡昭

以糾正，他先後任吉林省文聯民研編輯、《作家》月刊主編、省作協專業作家、省作協黨組成員、副主席。出版詩集、散文集、散文詩集及隨筆集多種。

▲ 胡昭文集詩歌選

　　胡昭的詩集《山的戀歌》獲第一屆全國優秀新詩獎、第二屆全國少數民族文學創作獎優秀獎；詩集《瀑布與虹》獲中國首屆滿族文學獎一等獎；兒童詩集《雁哨》獲第二次全國少年兒童文藝創作獎三等獎；《心歌》獲第一屆全國少數民族文學創作獎短詩獎；《石林歌》獲第二屆全國少數民族文學創作獎短詩獎；長詩《楊靖宇》獲第一屆長白山文藝獎三等獎；長詩《月》獲吉林省少數民族文學作品獎；詩集《生命行旅》獲吉林省第三屆少數民族文學獎；二〇〇一年獲吉林省第七屆長白山文藝獎成就獎；二〇〇二年獲首屆吉林省文學創作獎。曾任中國作家協會第四屆理事，第五屆、第六屆名譽委員；中國詩歌學會第一屆理事。二〇〇四年二月十五日下午，因心臟病突發去世，享年七十一歲。這位舒蘭籍的詩人，在中國的詩歌史上抹下了濃重的一筆。以下是胡昭的詩作：

《心歌》之暫不告別·歌聲不息

跟青年時代揮手告別了——別了，那些纏綣的親情，
開始在更高寒更荒漠的路途踏下足跡。
願在激動減少的同時也減少些浮躁，
在增多了顧忌的同時也增多些沉思與沉毅。

自知不是先知先覺，不具過人的智慧，
在親人困惑絕望時沒有巧言去寬慰。

不是縱橫捭闔的猛士，不是參天大樹，
在風暴來襲時未能挺身奮擊把她蔭庇。

不是凌空鵬鳥，不是弄潮兒，
無力排撻不測人生中的波譎雲詭。
我只是個跋涉者，只是個泅渡者，
只能艱難地執著地向自己的目標奔去，奔去。

時代養育我──一個普通的歌者，
時代鍛造我，或在風雨中也曾被磨蝕……
也許漸失了嗓音的清越與嘹亮，
但我仍將歌唱──盡管喉嚨粗糲……

那最後的告別何時到來，我會有些什麼樣的感受與要求，
我已經無法奉告。
也許在清晨或黃昏有幾縷歌聲，
在這裡縈繞不息，
縈繞不息……

教育先驅──謝雨天

謝雨天（1896 年-1968 年），名英霖，曾用名育方。生於舒蘭縣天德鄉曹家村，後移居舒蘭縣城（現朝陽鎮）。二十世紀二〇年代至三〇年代，當國家處在內憂外患之際，為圖強雪恥，他積極參加了反日愛國鬥爭。一九四六年，為吉林省解放後第一任教育廳副廳長。一九六八年二月十四日因病在北京逝世，終年七十二歲，骨灰安放在八寶山革命公墓。

謝雨天幼年喪父。讀完小學，考入吉林省立第一中學，一九一四年他又考入天津南開中學讀書，受到進步思想影響。一九二〇年至一九二六年，留學日本，在東京高等師範文科學習。

留學期間，他參加了留日華工勞動同胞共濟會，率領華工同日本資本家、工頭進行鬥爭。該會會長王希天被日本反動當局視為「排日巨魁」，必除之而後快。一九二三年九月王遭秘密殺害。消息傳開，華人無不髮指，謝雨天代表吉林省留日學生，憤然回國，多方奔走聯絡，敦請吉林當局，通過外交途徑，向日本提出交涉。一九二三年十月四日，學生會等團體聯合行動，在吉林市丹桂茶園舉行王希天追悼會，兩千多人到會沉痛悼念。謝雨天在會上揭露了日本帝國主義覬覦我國東北的野心，號召同胞，以烈士為榜樣，奮起抗爭，團結禦侮，追悼會成了聲討日本帝國主義侵略罪行的大會。會後舉行了遊行，呼喊反日口號。

一九二五年十一月，日本關東軍脅迫張作霖出賣東北主權，國人無不憤慨。東北三省留日學生組成歸國討張排日團，分兩批先後回國赴天津、北京進行討張排日活動。謝雨天為該團的領導人之一，在京津活動兩個多月。由於張作霖軍隊進關，馮玉祥的國民軍退出京津地區，北京段祺瑞政府鎮壓愛國學生運動，討張排日團迫於形勢而解散，陸續返回日本學習。謝雨天兩次歸國進行反日愛國鬥爭，引起日本反動當局的注意，特務對其經常監視和查詢，謝雨天

被迫退學，一九二六年七月回國。

一九二七年，謝雨天任吉林省第二師範學校校長。在任期間，支持、保護、贊助進步學生的愛國活動，二師學生可以自由閱讀《創造》《洪水》等進步刊物，支持學生進步組織創辦《秋聲》周刊並經常發表進步詩詞、文章，傳播反帝反封建愛國主義思想，支持學生進行「反對吉會路賣國條約」「反對出賣吉林商埠地」等愛國活動。一九二七年七月，謝雨天光榮加入中國共產黨。

因謝雨天支持進步學生活動，當局惱羞成怒，下令撤銷其校長職務，一九三〇年八月調到吉林省立第五中學，降職為教務主任。謝雨天又以五中為陣地，投入了新的戰鬥。五中教員國民黨分子朱一士對謝雨天恨之入骨，不擇手段造謠中傷，誣告謝雨天是共產黨首領、陰謀暴動者。一九三〇年十月二十三日，謝雨天被捕入獄。雖經敵人多次審訊，但他所知道的吉林、長春兩市中共地下黨員和進步師生情況隻字未供。無奈法庭只好以「違反三民主義」的罪名判處有期徒刑九年十一個月，將其關進吉林省立第一模範監獄。在獄中他同難友研究中國革命問題，幫助青年難友學習文化，援助獄中朝鮮共產黨人的絕食鬥爭。

謝雨天入獄後，親朋故舊、進步師生、社會名流多方奔走設法營救，終於使其於一九三三年五月獲釋。出獄後，他應邀到磐石縣煙筒山鎮警備第五旅第十四團當日語翻譯，借以暫避。在這期間他借用工作之便，支持打入偽十四團迫擊炮連地下黨員曹國安、孫肅先（化名宋占祥）的策反活動，提供情報，促使迫擊炮連譁變成功。

謝雨天在偽十四團的半年時間，還利用他為團長與日本顧問官之間口譯各種文件的機會搜集情報，通過游擊隊派來的交通員，及時傳送到楊靖宇部。有一次，楊靖宇將軍從謝雨天提供的情報中得知，有一趟路過磐石縣城北永寧車站的軍民混合列車，後幾節車廂有二百名日本兵和許多槍支彈藥，是到磐石北部討伐游擊隊的。楊靖宇掌握這趟列車行車時間後，命令第三團政委曹國安率部在永寧車站一帶埋伏。在鐵路工人反日會的配合下，第三團襲擊了這列火

車，大獲全勝，除擊斃多名日軍外，還俘虜一百多名日軍，繳獲許多武器、彈藥、軍用物資。

　　一九三五年七月，謝雨天重返教育界，仍為日本人、漢奸所嚴密監視。日本人採取明升暗降的辦法，調任他為吉林省教育廳高等視學官、四平省偽文教科長等職。抗戰勝利後，相關部門從偽特務機關檔案中發現，謝雨天被列入了「要視查人」的名單中。解放後，謝雨天先後在吉林省教育廳、東北商業部、中央商業部、一機部供職，一九六三年調吉林市工作，當選為政協吉林市第三屆、第四屆委員會副主席，政協吉林省第三屆委員會委員。

第八代嗩吶傳人 —— 王景堂

　　王景堂（1941 年- ），舒蘭鼓吹樂第八代傳人，先後創作出版了《中國民族民間器樂曲》和《吉林地區民族民間器樂曲》等，在他的努力下，舒蘭鼓吹樂得到了很好的繼承和發展。

　　王景堂出身嗩吶世家，自小從父學藝，六歲即從事民間鼓樂活動，七歲打鼓，八歲學吹嗩吶，在鼓樂班裡，他吹、打、咔、拉、唱樣樣皆精，在祖父教誨下熟讀古譜和音樂理論知識。一九五六年九月參加工作，先後在舒蘭縣評劇團和地方戲樂隊工作。

　　王景堂一九五八年開始作曲，吉劇《一粒也沒少》獲省優秀作曲獎，「二人轉」《悲喜姻緣》獲吉林市作曲二等獎。王景堂參加工作前已掌握一百多首民間樂曲，他的嗩吶演奏基本功紮實，指法靈活，調門熟練，講求剛柔並濟，脆中求甜，每首樂曲可演奏為七調、三十五調及七十調翻轉還原，這種多調式翻轉在全國也是罕見的。他還在咔戲方面自製大小不一的四種咔具，可咔奏出四種不同行當的聲腔。如：花旦、老旦、小生、黑頭等。四十多年來，他不但把五百多首世代相傳的曲牌歸納分類，而且還收集民歌、民曲一千餘首，為弘揚民族藝術做出了很大貢獻。因此，他榮獲了全國藝術科學規劃領導小組的嘉獎證書。一九九五年五月一日被國家《民族民間器樂曲集成》吉林卷聘請擔任編委，並發給聘書。一九九六年「二人轉」《山裡妹子》獲吉林省作曲二等獎。

　　現已年逾古稀的王景堂，二〇〇〇年在舒蘭市文體局退休。王

▲ 王景堂

氏家族歷代從事的演出活動中，注重形式的
發展變化，在後六、七、八代中對我國古老
的《工尺譜》進行了實用性的改革，即《橫
書古譜》，此項改革的音譜已傳給王氏第十
代子孫。《工尺譜》有五百六十多年歷史，
它是以音高符號為「工、尺」等字而得名的
一種記譜形式，對其進行的改革使我國的古

▲ 鼓吹樂傳人王景堂

譜也能像現代簡譜那樣靈活適用，從而延續了我國古老的音譜的生存期。

　　舒蘭鼓吹樂暨王氏鼓吹樂坊是在十七世紀乾隆二十二年確立的。經過
《相》《純》兩代始祖留傳下來的秘譜中有蒙古族部落、滿族以及中原內地的
民間樂曲。這些樂曲在民間禮俗儀式中的演奏促進了滿、漢、蒙各民族的團
結，相融共存。因此王氏的鼓吹活動相繼發展起來，鼓樂是以吹（大中小嗩
吶）為首，用打（一棒蘇、元寶等鑼鼓通）、咔（模擬聲控的一種）、拉（拉
弦樂器含擴彈撥樂器）、唱（唱十不閒、蓮花落、評戲、梆子街整塊的戲曲）
等演奏形式表演，其中「吹」是主要形式。

　　為了挖掘民族民間藝術遺產，現年七十三歲的「景」字輩第八代繼承人王
景堂，將上七代傳承下來的五百零八首鼓吹樂曲牌和近五十年所挖掘採錄的三
百首鼓吹樂曲進行整理，還對近七百首民歌小調等進行分類立卷，先後撰寫出
《民間鼓樂八部曲》自存卷，同時參與《民歌千首卷》的編纂工作，以備珍藏
傳承。

民間美術家——馬淑琴

▲ 馬淑琴

馬淑琴（1951 年- ），吉林舒蘭人，出生在一個普通的工人家庭，是馬氏剪紙和馬氏布藝的第三代傳人。

一九八三年，馬淑琴獲省文化廳特邀參加了「吉林省農民畫展」，並榮獲一等獎。次年，省文化廳以及省美術家協會和省群眾藝術館三家聯合在長春舉辦了吉林省在新中國成立之後首次個人剪紙展覽，在展覽期間，她的作品受到了全省美術界前輩和春城人民的高度好評，被春城人民稱為「北國神女」，並被省文化廳命名為「民間美術家」稱號。同年，《人參姑娘》等作品代表吉林省參加了在德國漢堡舉行的世界旅遊紀念展，受到了外國友人的高度讚揚。一九九〇年，《八仙過海》等剪紙參加了全國剪紙藏書展覽，榮獲一等獎。一九九一年，她的作品參加了全國首屆中國民族剪紙大賽，榮獲二等獎。一九九二年，她的名字被編入《中國名人錄》一書。一九九五年，被世界「聯合國教科文組織」授予「民間工藝美術家」榮譽稱號。二〇〇二年，她縫製的一百隻布老虎參加了首屆中國·吉林市書畫、攝影、民間工藝美術博覽會，一百隻布老虎被參觀博覽會的人們搶購一空。二〇〇七年，她縫製的布老虎以馬氏布藝的名義進入了吉林省首批非物質文化遺產名錄。

馬淑琴，小名「巧馬丫」，自幼和母親學剪窗花、縫製布老虎。八歲時就能獨立創作，剪出美麗的窗花和縫製討人喜歡的布老虎。從那時起，鄰裡家辦喜事請母親過去幫忙時也要一起把她請去，和母親一起剪窗花和縫製布活來布

置新房。久而久之，遠近的鄰居們不再叫她的大名，都稱她「巧馬丫」。到了十五歲時，她已是當地頗有名氣的剪紙和繡活的巧手了。但在當時的動亂年代，這種酷愛民間剪紙和布藝藝術，傳承和發展一門瀕臨絕跡的民間藝術的行為，卻被當作是「四舊」來封殺，強制命令她再也不許剪那些「才子佳人」了，再剪就對她進行批鬥，並燒毀了她的剪紙作品。看著燒成灰的窗花，她難過得哭了。不讓剪「才子佳人」那她就剪別的，大自然美麗的景色都是好題材，無論是天上飛的、地上跑的、水裡游的，看什麼就剪什麼，無論在哪看到了好看的花樣就記在心裡，回到家憑記憶再剪出來。結婚後，她每天靠外出做臨時工賺錢來維持家裡的生活，在磚廠燒磚，在家屬廠的小煤礦下井⋯⋯無論工作有多累，下班回家忙完家務把孩子哄睡後，她都會拿起剪刀剪窗花，然後再縫製一隻可愛的布虎才肯睡覺。「文革」後的第一個春天，她剪的窗花參加了吉林市首屆「民間藝術展覽」，獲得了一等獎，並被吉林市江南公園全部買走。展覽後，《江城日報》的記者專程到她家進行採訪，專題報道在報紙上發表，這對她是極大的鼓舞和鞭策。

▲ 剪紙作品

▲ 1988 年 9 月時任中共吉林省委副書記谷長春（右二）為中國民間工藝美術家馬淑琴剪紙題詞

隨著改革開放步伐的深入，我國農村發生了翻天覆地的變化，呈現出一派繁榮興旺的景象。她看在眼裡，喜在心上，於是大膽地用傳統風格剪出上百幅反映農村新生活和具有山村風貌的窗花，如「電視到山村」「心花怒放」「姑嫂趕集」等。其中有幾十幅剪紙作品先後在省內外各家報刊上發表，還多次參加了省內外舉辦的美術展覽並多次獲獎。

因為馬淑琴對剪紙這門民間藝術有著獨特的天賦和創作靈感，一九八三年她被破格錄用為國家幹部，專門從事剪紙和布藝等民間藝術工作，政府還給予了她很大的榮譽，這是她做夢也沒想到的事。

她時常這樣告訴自己，是黨和國家的好政策給了她這一切，要努力工作，創作出更好的精品來回報祖國、回報黨。這樣，她把全部的精力都投入到剪紙創作中來。

為了讓剪紙這門古老的民間藝術後繼有人，發揚光大，她抽出時間專門到學校講課輔導，在舒蘭市第一小學辦起了剪紙學校，現有學生五百餘人。她深知，振興祖國的民間藝術必須從娃娃抓起，這也是她義不容辭的責任，同時她還深入到農村進行講課輔導，帶出了一大批農民剪紙愛好者，使民間剪紙藝術在農村得以廣泛普及。她縫製的布老虎是我們中華民族民間文化百花園裡的一朵小花，是民族之瑰寶，更是中華民族的寶貴財富。按民間習俗，布老虎能保護孩子健康不受外來侵害，她希望孩子們能夠像老虎一樣茁壯成長。

幾十年來她用全部精力潛心鑽研，探索剪紙藝術，在繼承傳統技法的基礎上加以創新，共計創作了近三十萬幅具有民族特色和時代氣息的剪紙作品，並

多次獲獎。她的剪紙和布藝作品流傳於歐美四十多個國家，在國內外多次進行展覽，有三百多幅剪紙作品在省內外報刊上發表，有二百餘幅作品被省市有關領導當作出國訪問的禮品贈送給外國友人，有五百餘幅作品被外國友人收藏，有九十多幅作品被中國美術館和天津博物館收藏。

翰墨名家——徐邦家

徐邦家（1948 年- ），吉林舒蘭人。曾任吉林省人民政府調查研究室主任，吉林日報社常務社長、副總編，吉林省新聞出版局副局長、中國硬筆書法家協會藝術委員會副主任、吉林省硬筆書法家協會副主席、吉林省書法家協會理事、中國書畫名家網藝委員會副主席。其書法作品多次在全國大賽中獲獎，並多次參加中日、中韓書法交流展，被美國、德國、意大利、法國、加拿大、澳大利亞、阿拉伯聯合酋長國等十多個國家的友人及單位收藏。

徐邦家已有《書為心畫》《長白詩墨》《聯墨長白》《紀念毛澤東誕辰一百一十五周年——徐邦家書法集》《二〇〇八北京奧運——邦家書法》五部書法作品集在全國發行。《中國新聞出版報》《書法導報》《吉林日報》《新文化報》《吉林工人報》及《悅讀》和《長白山》（朝鮮文）雜誌等多家報刊曾刊登其書法作品，是國內外有一定影響的書法家。

徐邦家的書法，往往是書隨內容，意在筆先，信筆揮灑，得心應手，一幅幅力作令人欽慕。如「擊劍盡樽酒，讀書貪夜燈」，寫得肌豐骨潤，筆墨淋漓，創造出一種酣暢的氣勢，一種詩畫的意境。而「藏胸丘壑知無盡，過眼煙雲且等閒」的聯語，筆法瘦勁剛直，斬釘截鐵，表達一種虛懷若谷又淡泊名利的情懷。至於「書林漫步，聯海泛舟」，作者的用筆用墨尺度則又在上述兩者之間，不肥不瘦，亦柔亦剛，表達一種求知的大度從容，勘破世事的閒適心態。再看「氣定神閒」的中堂，先以淡墨鋪墊一個氣字，繼之以濃墨「氣定神閒」四字覆於其上，四方鋪排，雍容華美，每一字的間架筆

▲ 徐邦家創作書法作品

畫又濃淡有致，若即若離，於「氣定神閒」中尤見作者匠心獨運。再看榜書「誠」字，一筆不苟，紮紮實實，躍然紙上，大氣磅礡，再以黑底透白印刷，奇磊落，愈見誠字之要義。

▲ 徐邦家書法作品

徐邦家的書法，追求的不是艱深、險怪，高處不勝寒，而是一種灑脫、一種意境、一種不假修飾的自然之態，一種老嫗能解的平民之美，一種毫無矯揉造作、隨意揮灑的豪放情懷。正所謂大樸不雕誠可愛，書為心畫自風流。其書法作品為同事、朋友、書家、相識不相識的書法愛好者所青睞，爭相求索，徐邦家於此則是有求必應，引為樂事，且經常參加國內外各種書展，並頻頻獲獎；雖書名遠播，他卻從未沾沾自喜，依舊鍥而不捨，於繁忙的政務之暇，聞雞起舞，筆耕硯田。

徐邦家曾自述道：「頭髮稀精神在，雖已年過半百。思維敏話幽默，快言快語直白。書畫不計名利，揮灑隨意抒懷。掙錢不管多少，想花就花痛快。為官不爭大小，保持良好心態。交友不論貧富，一片誠心在外。做人只圖真我，任憑說好說壞。笑對人生常樂，只求活得實在。」

書法集的創作靈感，離不開徐邦家的好朋友、北京華聯印刷有限公司的董事、總經理張林桂先生的提示。二○○三年兩人結識，臨別時，徐邦家將一幅書法作品「心如水」送與張林桂。張林桂特別喜愛，心生對水的嶄新感悟。張林桂說：「錄詠水之詞，做水一樣的人。」這句話是邦家先生創作詠水書法作品思想性的點睛之語。後來，徐邦家特別為張林桂書寫了長條幅的詠水書法：「平淡無奇，碧波萬里的背後，卻隱藏著無窮的變化；翻江倒海，大浪淘沙的背後，卻隱藏著驚人的平靜；奔騰向前，所向披靡的背後，卻隱藏著九曲回腸

清香皓質世稱奇
試作輕紅更自宜
紫府與丹宋換骨
春風吹酒上凝脂
直教臙雪無藏處
只恐朝雲有去時
溪上野桃何足種
秦人應獨未相知

宋方惟深詩 和周熅望紅荷用韵

己丑年春月 邦家書

▲ 徐邦家書法作品

的艱辛；博大精深，寬廣無垠的背後，卻隱藏著不擇悄悄細流的智慧。這就是中國人像水一樣的智慧。」徐邦家曾寫道：「上善若水，這是中國水文化的精髓，水柔弱但潤物細無聲，善利萬物又不爭。」

著名畫家劉玉山曾說，他深深體會到徐邦家情感的真切，領略到強烈而鮮明的形式美感，「細審每個字都是用筆藏鋒穩重，寫到瘦處用提法，寫到肥處則用按法，字字有頓挫對比，行行流暢氣勢貫通」。

肖群忠教授看過徐邦家的作品後說：「邦家先生這種因任自然的生活態度，既保持低調又不失原則的做人做事態度，這種心如止水的修養境界，都是我所追慕和崇尚的，雖尚未謀面，但見字見文如見其人也，因為字如其人、文如其人，我們可謂是志同道合也。」

著名書法家——范忠玉

范忠玉（1948 年- ），生於吉林省舒蘭縣法特鄉法特村，大學文化。退休前任中國農業銀行吉林省分行副行長、黨委副書記。現為中國書法家協會會員，中國金融書法家協會會員，吉林省書法家協會第四屆理事，吉林省直屬機關書法家協會副主席，吉林省金融書法家協會名譽主席，舒蘭市政協書畫院顧問，中國貿易協會授予國禮書畫大師。

▲ 范忠玉

范忠玉在法特信用社參加工作，之後分別在舒蘭縣人民銀行、舒蘭縣農業銀行、吉林市農業銀行、吉林省農業銀行工作。多年的工作經驗，使其不僅具有豐厚的實踐基礎，在理論研究上也頗有建樹，除在金融期刊上發表大量文章以外，還參加編寫和獨立編著《中央銀行概論》《農業銀行稽核案例》《銀行業務技術操作》《企業活動分析》，工程師、經濟師、會計師手冊等。他研究的《專業技術職務設崗方案》被中國農業銀行總行確認為科學的方案，並在全國農業銀行

▲ 范忠玉創作書法作品

系統推廣應用。

范忠玉鐘情翰墨，自十一歲習書以來，數十載筆耕不輟。從臨習趙孟頫的《膽巴碑》開始，宗法二王（王羲之、王珣），取法乎上。行書先後臨過王羲之的《懷仁集王聖教序》《蘭亭序》、顏真卿的《祭侄稿》、蘇軾的《寒食帖》；楷書先後臨習《張猛龍碑》《張黑女墓誌》、顏真卿《勤禮碑》《黃庭經》；草書先後臨習王羲之的《十七帖》、孫過庭的《書譜》、智永的《真草千字文》等。

▲ 范忠玉創作書法作品

在十多年的時間裡，他選擇大量臨習與本人藝術審美取向相近的碑帖，這促進了他個人藝術風格的逐漸形成。他的字平中見奇，穩不俗，險不怪，老不枯，潤不肥，處處見古法，亦能出新意，雅俗共賞，格調高雅，做到了書法藝術的專業性與實用性的完美融合。他的書法作品兩次入選國展，多次在《書法報》等多家報刊上發表，其中一些作品曾被第二屆京交會作為國禮贈送外國政要。范忠玉多次將其作品進行公益性的義賣，用以資助孤寡老人和貧困學子。同時，他的書法作品也大量進入企業、校園、軍營，為推動文化大發展、大繁榮做出不懈努力。

▲ 范忠玉作品

書法篆刻之星 —— 徐衛東

徐衛東（1971 年- ），吉林舒蘭人，中國書法家協會會員、中國硬筆書法家協會會員、中國煤礦書法研究會會員、吉林市書法家協會副主席。

在二十世紀七〇年代後期，徐衛東便在父親的指導下學習書法，每天臨帖。兩年後，父親又帶著九歲的小衛東拜訪書法篆刻家江學張先生。江先生早年師從齊白石學習篆刻，是吉林書法篆刻名家。在江先生的指點下，他系統規範地學習了柳體楷書。之後，又認真地臨習了《集王聖教序》《蘭亭序》，研習米芾行書、《張猛龍碑》等。

▲ 徐衛東

這期間，在江先生的推薦下，父親還帶著徐衛東拜訪了吉林書法名家劉乃中、那致中、李林先生，並得到了他們的指點。劉乃中先生稱讚小衛東是書法神童。

一九八三年夏，吉林市書法家協會舉辦首屆書法篆刻展覽，徐衛東的兩幅作品入選，並刊登在《江城日報》上。劉乃中先生撰寫的展覽評論文章刊登在《江城日報》，文中還專門提到徐衛東，稱讚其書法。當時，吉林市的一位書法愛好者看到他的作品後，寫信求教，徐衛東認真回信給予解答。

一九八三年秋，金意庵先生講學時，看到徐衛東的書法後，欣然題字「成如容易卻艱辛，衛東小友書法頗見功力，書此貽之」。在多位書法名家的指點和鼓勵下，徐衛東學習書法的信心更足了。

▲ 徐衛東書法作品

一九八四年，《中國煤炭報》刊發了徐衛東的人物通訊，報道了他的學書事跡。

一九八五年冬，徐衛東的楷書和行書作品入選由中國書法家協會、中國美術家協會、中國煤礦文化宣傳基金會舉辦的展覽，作品在中國美術館展出。一九八六年夏，他的行書作品刊登於《中國書法》雜誌。

在徐衛東的家鄉舒蘭，有不少人慕名前來求教，他都熱情接待，認真解答，同時還有許多單位請他題寫單位匾額。

青年時代，徐衛東認真研習了鐘繇的楷書、王羲之的草書、黃庭堅的行書。他十分注重字外功夫的學習，認真研究書法與哲學的關係，書法與其他藝術的關係。他經常書寫自己撰寫的詩詞、對聯。在學習實踐中，探求寓古雅於雄秀，含婉約於豪放的書風。

二〇〇二年在吉林省委宣傳部、省文聯主辦的「千人千作」展中，徐衛東的書法作品喜獲金獎。中國書法家協會副主席段成桂先生對他的作品給予好評。同年，他還應邀擔任「歌頌偉大祖國，讚美壯麗河山」全國書法大賽顧問。

二〇〇三年，他參加中國吉林藝術博覽會，與中外藝術家進行書法交流。

近年來，他還多次出任吉林市書法展覽和大中小學校書法大賽的評委，多次參加各級書法展覽，有多幅作品在國家、省、市媒體發表並有書籍出版。

他是一個書法藝術的探求者，還是一個堅持藝術為人民服務、為時代服務

的踐行者。

　　在學生時代，他就利用假期到企業，為職工書寫春聯。班級、學校、院系的板報多數由他來完成。工作以後，機關、廠礦、學校來求他墨寶的人有許多，他總是滿足來者的請求。在吉林北山，他的書法被刊石，很多欣賞者與之合影。吉林農業科技學院建的涼亭，請他題寫亭名和對聯。他還為吉林人民出版社出版的多部書籍題寫書名。在長白山、安徽天柱山，他的書法被展示。中央電視台舉辦的「傾國傾城——最值得向世界推介的城市」的活動中，吉林市的城市帖請他書寫。他的作品被作為城市禮物，贈送給四川、西藏的城市，還被眾多國內外友人收藏。他還舉辦大型公益書法展覽，將作品義賣，並把所得捐給困難群體。中國書法家協會副主席、理事等一批書法名家和朱忠民、房俐等領導同志支持他組織的展覽。他還多次參加為國內外災區義捐、義贈的活動，讓藝術之花美麗綻放，彰顯文化力量。

▲ 徐衛東書法作品

▲ 徐衛東書法作品

書法新傑——許義

　　許義（1975 年-　），別署：耿堂。中國書法家協會會員；中華詩詞學會會員；中國楹聯學會會員；中國書法家協會書法等級考試高級認證教師；吉林省書法家協會理事、學術委員；吉林市書法家協會副主席；北國文史書畫研究院副院長。書法創作以篆書、行草為主，書風悠遠逍麗，端莊古雅。曾榮獲中共吉林市委、市政府「松花湖文藝獎」「德藝雙馨藝術家」稱號；吉林省委、省政府文藝最高獎「長白山文藝獎」。在中國書法家協會主辦的全國大展中他的作品入展、獲獎三十多次，他在權威專業報刊發表論文五十多萬字，並獲得全國「十五」期間重點教育課題科研成果一等獎。

▲ 許義

　　許義出生於齊魯大地的一個世代耕讀的家庭，二十世紀七〇年代末期隨父親舉家由山東遷居至舒蘭縣溪河鎮，塞北這片廣袤的黑土地滋養了他對藝術的勤奮與執著。也許是自幼受家庭濃厚的文化氛圍薰陶，輾轉生存於社會底層的

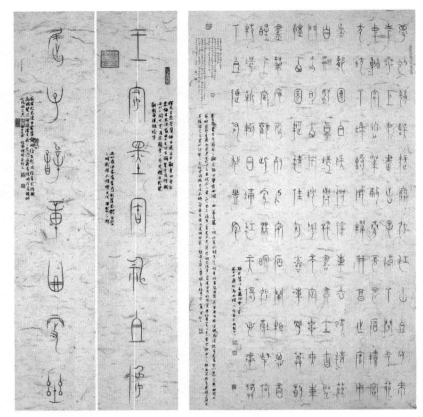

▲ 許義書法作品

他，歷盡艱辛，飽學飲看，與金石書畫結下了不解之緣。在就讀中師和大學期間，他對美術史及哲學就有了系統的研習實踐，又得到了著名書法家張運成、韓戾軍先生的手手相傳，從而打下了紮實的書法基本功，後又有幸得到張海、陳洪武、劉中、徐寶貴、叢文俊諸先生的教誨，得窺王福廠書印結合風格衣缽之堂奧。

　　許義先生為人真誠，不多言辭，守謙慎獨，剛直隨和。過人的勤奮、近於痴迷的執著，再加之超常的領悟能力，使他具備了全面的藝術修養。金石書畫融書生之懷立意高古；詩詞歌賦蓄園林之氣韻調鏗鏘。

許義繪畫理論的著眼點重在哲學思辨，而書法理論更強調史學的歸納。他認為對美學觀念詮釋應是在不斷地超越和否定自我中產生的，而這正是人們樂於在藝術這條不見首尾的道路上跋涉的興致所在。對於書法創作與理論來說，二者是相輔相成不可分割的，既不可拋開創作而空談理論，也不能不辨是非而盲目創作，正是這樣的想法促使許義走上了兩者齊頭並進的道路。他的思想從蘇格拉底到維特根斯坦，從清華四導師的學術理論到大小乘佛教的教義之爭，無所不容。正由於有這樣雄厚的知識積累，他才敢於在書法創作中逐本求源，按歷史順序各個擊破，從甲骨文、西周金文、六國文字到秦漢篆隸，都捭闔自如。同時，他對書法的理論研究並不是隔岸觀花或隔靴搔癢，從實踐的角度觀察問題，也是他能以對「蘭亭論辯」的深入研究榮獲第七屆全國學術研討會大獎的重要原因，而且是東北三省唯一的獲獎作者。

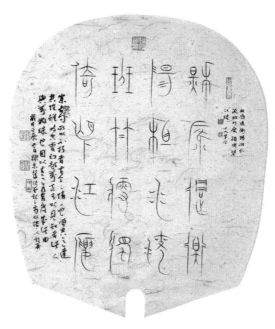

▲ 許義書法作品

許義的書法大多以自撰詩詞進行創作，並能做到文從字順、各有所本，字真意遠、不陟舊跡。所謂「精神到處文章老」，只有學到古人的創作狀態，才能真正了解什麼是經典與傳統，他對詩詞研究頗深，於是唐圭璋、程千帆、王力等學者的著作便成了他案頭的常備之物，所以他的書法創作能夠神合古人、發思古之幽情，書法理論才能夠有的放矢，切中當今時弊，這也是其周圍同道都很欽慕他的原因。

性靈派的趙翼曾有一首家喻戶曉的詩：「李杜詩篇萬口傳，至今已覺不新鮮。江山代有才人出，各領風騷數百年。」事實上所謂的「各領風騷」即是能夠表達藝術家的真性情，即黃遵憲所謂「我心寫我口」。而許義的

▲ 許義《朱雀山居圖》

藝術理論及實踐便是這種觀念的真實寫照。這正如黑格爾美學觀所闡述的：「當你將自己放在某種難以調和的二律背反當中時，美就產生了。」事實上所謂藝術也是創作者對於自身的觀照，從這個意義上講所謂的「書如其人」即是此理，而其另一方面似乎也像佛學中的所謂「悟」道，亦如許義先生自況詩中所言：「軒外青山誰悟得，芳菲最豔是真如」。一分耕耘，一分收獲。許義在書法界的成績和影響可謂是實至名歸，為從事藝術及學術理論研究的同道樹立了楷模，也為舒蘭這座鐘靈毓秀的新興魅力城市爭得了諸多的榮譽。

美術家——王雲鵬

　　王雲鵬（1955 年- ），吉林舒蘭人，一九七二年畢業於舒蘭一中，中國美術家協會會員、吉林美術家協會理事、吉林省書刊藝術學會理事、吉林省美術家協會油畫藝術委員會秘書長、吉林日報社北群書畫院秘書長、吉林日報社高級編輯、《東西南北》雜誌社美術編輯、國家一級美術師。一九八五年其油畫作品《早安・江城》獲國際青年「前進中的中國青年」全國青年鼓勵獎；一九八七年，其油畫作品《晴雪》入選建軍六十周年全國美展。一九八九年至一九九〇年，王雲鵬的作品應邀參加在新加坡舉辦的第一屆、第二屆中國現代油畫展；一九九一年參加法國畫家克勞德・依維爾先生的「油畫技法研究班」。一九九二年應邀赴香港舉辦「吉林名家油畫展」（三人作品聯展）；一九九四年，有兩幅作品在香港拍賣行「中青輩畫家」作品春季拍賣會成交；油畫《畢加索的鴿子》獲一九九五年「正義・和平——紀念反法西斯戰爭勝利 50 周年」國際美術銅獎；油畫《關東大姑娘系列・大身板》獲一九九六年全國美術大展優秀作品獎；油畫《秋日印象》入選第八屆全國美展、第三屆中國油畫年展並在「中國嘉德 1996 春季拍賣會」拍賣成交。一九九八年應邀參加吉林省文聯藝術考察團赴韓國考察並進行藝術交流。有多幅作品被國內外收藏家、藝術館收藏。曾出版個人專集《中國當代美術家精品集・王雲鵬油畫專集》《紙上黑白集》。其作品曾被中國美術家協會編輯出版的《中國美術名家作品集》（第 2卷）、香港當代油畫館編輯出版的《當代名家油畫集》、國際青年中國組織委員會編輯出版的《國際青年美術作品選》、現代出版社出版的《中國現代油畫》、吉林美術出版社出版的《吉林省五十年文藝作品選——美術卷》《書畫集英》等收錄。

　　王雲鵬把中國文化的簡練、誇張、節奏等觀念和手法融入自己的油畫創作中，使作品呈現出立意簡練純淨、內涵深厚凝重、造型美麗質樸、色彩誇張強

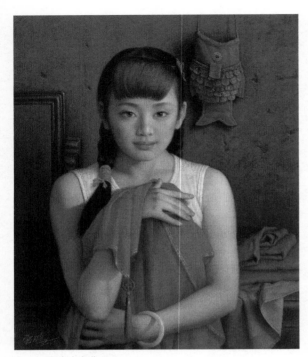

▲ 王雲鵬油畫作品

烈的獨具魅力的中國藝術神韻。王雲鵬擅長以古典主義技法為基礎，在唯美主義的情調氛圍中再造一個民族身份特徵鮮明的民間鄉土。《關東大姑娘》系列中顯露出來的民族民間特色在王雲鵬此後的創作中得到了強有力的展現。這種特色主要從這以下兩個方面表現出來，首先，從題材上看，他加強了對生活場景的風俗性和特色化的想象和揣摩，《香月嫂子》以戲劇性地描繪鄉村生活為題材，表現出藝術家非常生活化的民俗想象。其次，體現在表現技法上，他與中國民間繪畫進一步趨近，色彩上加強了大面積、純度極高的色彩對比，畫面更加減弱空間性，明暗光影變化的西洋古典油畫要素被進一步削弱，平面感和裝飾性更為鮮明。《留不住春天的風》採用單純的黑、紅、黃三種主體顏色的對比，濃眉大眼的小女孩身著紅色的棉衣，花格的圍巾使色彩單純又產生和諧的魅力，手中的風車表現出女孩的純潔天真，而背景則被處理成大片的黃色土牆，色彩的運用烘托出中國鄉土的文化氣氛。

　　一九九四年，王雲鵬以一種凄美而又不失希望的詩情創作了《秋日印象》，為鄉土現實主義風格樹立了一個典範。這是一個充滿詩意的畫面，一個美麗的女孩，站在金黃的莊稼地邊，迷茫而又深情的目光望著飛舞的蜻蜓，秋天的微風吹動了她的黑髮。這個完全寫實的畫面卻暗含著寓意，苦難即將過

去，希望正在萌生，就像秋風吹拂過的原野，必將是收獲的季節。對於有過農村生活經歷的畫家來說，這種現象的感受尤為深刻。

而當鄉土題材很快變成繪畫現實中的「歷史」，落入一種程式化的矯飾之風時，王雲鵬卻憑借自己深厚的積淀和獨特方式，愈發凸現他嶄新的藝術魅力。一九九五年，他的油畫

▲ 王雲鵬油畫作品

《畢加索的鴿子》、一九九六年的《香月嫂子》和之後的《紅蓋頭》等一系列作品，開始呈現出詩意的浪漫，都表露出王雲鵬獨特的藝術方式是一個完美真實的整體。他的大量作品，都極具獨特的形式美的追求，人物常常被安置在畫面的中心視角，呈現一種端莊、穩定的狀態。這些作品通過強烈集中的光線照耀，色彩更加純化，明暗對比增強，使女性的肌體顯現出一種更具形式感的視覺美感。他的這些作品中顯現出他的藝術感覺和表達已逐步完美。

經過多年的從藝實踐，王雲鵬逐漸把主題、題材與語言之間的關係調節到最佳的和諧狀態，他不為歷史成見所囿，也不以社會效應而「變異」，而是以自己的真心感受去觀摩世界、傾訴感情。他油畫中的樸素無華與典雅莊重，亦是一個高層次的統一體，是畫家通過自己的心智與真誠構造的成功結果。

進入二十一世紀後，王雲鵬的作品逐漸把精神內涵的新意置於畫布上，為新時代的鄉土油畫賦予了新的面貌，在表現人物的艱辛、憂思、孤寂、恬靜、

安逸等複雜的內心世界的同時，他從情感出發，以藝術的方式提取原生態生活的本質，讓現實中的世俗情懷、民間質樸的生活本身詩意地呈現出來，這裡的呈現不是傳奇，而是生命平實、真摯的日常生活體現。

他的油畫作品《大月亮》《龍節》就是這一思想的體現。畫面中採用一反傳統的構圖，也有古典主義的典雅細膩，注重細節的刻畫和色彩的過渡，營造出柔美清新的畫面；也不乏表現主義用主觀色彩反襯的人物心理和情緒；這些凝固在本體中的技法，消解在巨大的厚重的寫實主義營造的鄉土中，服務於畫家作品關於生命表現的總主題，是對生命和精神的表達和謳歌。

王雲鵬這種持久不變的以油畫表現鄉土題材的作品，如果用歷史和發展的觀點來看，恰恰具備了先鋒性和現代性。換句話說：先鋒性是藝術家自由探索的藝術過程，現代性是藝術家自由探索的藝術結果，現代性包涵先鋒性，大於先鋒性。

二十一世紀以來，當全球日益濃縮為一個「地球村」時，在信息全球化的時代，在城市文化日益凸顯的今天，鄉土題材、平民形象在當今藝術的表現中仍有極強的生命力。藝術是對社會生活和個人內心的全面反映，所以藝術作為一種平衡的全面的發展，鄉土形象的存在更是擁有著非常重要的藝術價值和現實意義，讓中國藝術參與進全球藝術中的可能性等問題越來越多地吸引了廣大藝術家的注意和參與。法國十九世紀農村風景畫所取得的成就昭示著我們：偉大的藝術作品只能產生在偉大的藝術實踐和偉大的成就之中。

一個畫家的氣質並不僅體現在題材選擇上，從藝術語言和形式構成中更能見到畫家的氣質、個性所在。王雲鵬的繪畫題材是樸素的，但其油畫語言卻直追歐洲古典繪畫的典雅、凝重甚至高貴，而二者又能被畫家結合得如此巧妙。渾然一體的靜謐、和諧的色調，大片柔和寧靜的背景，素雅的畫面中凸現幾個可親的生靈，變化多端的細膩的筆觸卻又把嚴謹的造型安排得準確到位，整個畫面呈現出一種樸實無華、恬靜可親的視覺感受。深刻的探索和豐富的內心使他創作出一種游離於「傷感」繪畫和形式唯美二者之間的似於「折中」的藝術

形式。

　　充滿著生活氣息，充滿著人性的美好，一直是畫家的藝術主調，無論是在軍旅創作中，還是在復員後做編輯的日子裡，他把絢爛的色彩和飽滿的激情，奉獻給生他、養他的那片熱土，倔強地耕耘那塊精神的田原。王雲鵬的畫像一首悠遠的歌，那股脈脈的溫情和淡淡的憂傷，吟唱了對中國純樸的鄉土文化詩化的留戀和憧憬。

▍著名作家——金克義

　　金克義（1955 年-　），生於榆樹光明，後遷入舒蘭榆樹溝，中國作家協會會員。吉林省文博系列高級職稱評委會評委，吉林市作家協會副主席，吉林市第七批、第八批有突出貢獻的拔尖人才，現任吉林市群眾藝術館創編部主任，吉林市青年作家協會副會長。

　　一九七五年他在舒蘭縣文化館工作期間發表處女作，開始顯露出非凡的才華，先後在《詩刊》《星星》《詩人》等大型刊物上發表詩歌，並獲獎。

　　二十世紀八〇年代，是他詩歌創作的高峰。其間，他創作了大量的優秀詩歌作品，曾參加過全國第四屆青春詩會，先後在美國《中報》、美國《世界日報》小說世界版、菲律賓《世界日報》《吉林日報》《青海日報》《詩刊》《中國作家》《青年文學》等一百多家報刊發表小說、詩歌、散文、隨筆、故事等作品一千餘篇，許多作品入選中國青年出版社、湖南出版社、貴州出版社、內蒙古出版社、吉林人民出版社等出版的選本，出版過詩歌《抒情染色體》《春花秋月》兩部詩集，散文隨筆專著《想我沒有》，與人合著幽默散文、詩歌專集《美麗的槍花》，地情史話專集《淞情水韻看江城》發行二十萬冊。朗誦詩《放歌松花江》經中央電視台資深主持人陳鐸、虹云朗誦後，反響強烈，吉林市電視台、《江城日報》《江城晚報》均作了採訪和專題報道，《吉林日報》原文轉發了全詩。朗誦詩《我們的名字叫主持人》，二〇〇九年十一月二十二日在浙江桐鄉表彰全國六十名優秀主持人大會上由央視著名主持人趙忠祥、陳鐸、敬一丹、張越、趙紅豔、楊銳朗誦。《江城晚報》以《金克義為央視主持人作詩》為題做了報道。此外還先後獲得全國社區文庫、團中央青少年教育委員會、吉林省作家協會、吉林日報、吉林省群眾文化學會所頒發的各類一、二等獎項二十餘次。二〇〇七年入選吉林市委、市政府命名的第七批有突出貢獻的拔尖人才，二〇〇八年獲吉林市委、市政府松花湖文藝大獎。二〇〇九年新

中國成立六十周年，吉林市委、市政府確定《江城晚報》採訪吉林市六十名在各條戰線上做出突出貢獻的新聞人物，十月十八日刊發採訪金克義專版。他所出版的文學專著受到過文學大家李瑛、金克木、流沙河、范小青、台灣著名詩人瘂弦、梅新的好評。詩集《抒情的染色體》還受到了前外交部部長李肇星、陳毅元帥之子陳昊蘇的關注和稱讚。他為全國第八屆冬運會運動員入場式撰寫過解說詞，為吉林市委、市政府歷屆大型活動擔任過策劃和撰稿人。先後為幾十名作家出版專著寫過序跋，為打造《松花湖》雜誌五十年品牌付出過艱苦努力，同時為推動我市文學隊伍建設，繁榮地區文藝創作做出了突出貢獻。以下是金克義的詩作：

《放歌松花江》

我從《話說長江》的意境中輕輕走來，

走進你迷人的金波銀浪；走進你亙古的鐵底銅幫。

走進你男人的船，女人的網；

走進你岸邊如詩如畫、傾國傾城的風光。

我知道你每一盞河燈下都有一隻槳的風韻，

我知道你每一縷漁火上都有一葉帆的飛翔。

你為鴛鴦的情歌鋪開清水綠帶，

你為水鳥的聚會漂洗一座生態的天堂。

走進你就是走進雪柳翩翩的仙子，

走進你就是走進霧凇披紗的新娘。

松花江啊，靈動的江，神奇的江！

你把江清水秀的畫卷掛在蒼岩翠壁之上，

你把源遠流長的玉帶繫在江城大地的胸膛。

讓我的思緒穿越你時光的隧道，觸摸你的跌宕和滄桑。

在你的薩滿神話裡，我發現了採參人的篝火；

在你的驛站古道，我看見了你的木排和城邦。

你從長白山天池奔騰而下，穿過千年林莽，劈開萬古洪荒。

在康熙大帝檢閱水師出征的船廠，

在乾隆皇帝望祭長白山神的地方，

扶余人留下了刀耕火種的農具，渤海人打造了縱橫馳騁的刀槍，

韓邊外書寫了淘金史話，牛子厚導演了梨園樂章。

潮漲潮落間，天主教堂刺破了江天曉霧；

大江彎弓處，女真人散發出歷史的沉香。

楊靖宇的鮮血已化作滿山紅葉，魏拯民的忠魂迎來遍地春光。

松花江啊，歷史的江，英雄的江！

你以大浪淘沙的怒吼淹沒了侵略者的妄想，

你以「青山遮不住」的腳步匯入了時代的海洋。

讓我的視野走進你的畫廊、書卷；

走進你的影城、劇場；走進你多姿多彩、萬紫千紅的文明殿堂；

走進名牌歌舞打造的藝術亮點；

走進你電視劇征服的億萬雙目光；

走進你天外來客造訪的方興未艾的熱土；

走進你明星大腕捧出的微雨丁香；

走進你龍潭上群飛的紫燕，攬月亭下美麗的荷塘；

走進你北安鐘樓的共振，走進你松花湖、白山湖、紅石湖的浩蕩；

吳儂軟語，風花雪月，在杜鵑聲裡成為婉約的情調；

老歌新曲，詩情畫意，在山水清音中流入甜蜜的夢鄉。

松花江，迷人的江、文明的江！

高雅的芭蕾舞在江畔廣場上抒情，

火爆的二人轉為你打開快樂的心窗。

讓我的激情也輕輕走進你的湖泊、你的電網、你的彩虹飛架的橋梁。

走進你得天獨厚的豐沛的淡水，走進你世界一流的滑雪天堂。

改革開放的春風，吹散了你征程上的迷霧。

經濟大潮的湧起，打開了你身邊的寶氣珠光。

大江東去的背後，矗起了摩天大廈；

小橋流水面前，崛起了宜居宜業的樓房。

兩岸江聲打開淞清水韻的夜景，

日新月異的老工業基地煥發出耀眼的光芒；

當年的化工城突飛猛進，如今的產業群鳳舞龍翔。

松花江啊，前進的江、奔騰的江！

三十年改革開放，改變了山山水水的面貌；

三十年激流勇進，為千年古城披上時代的盛裝。

杏花春雨召喚著四海投資的志士，柳浪聞鶯迎接五洲興業的客商；

一江兩岸到處都是開發的熱土，水驛山城遍布沸騰的廠房。

在這裡枯木可以結出碩果；在這裡卵石可以孵出鳳凰。

腰纏千萬貫，騎鶴來江城吧，松花江永遠向你敞開火熱的胸膛。

讓我的祝福也在張燈結彩、鑼鼓喧天中走來；

走進你瑞氣千條、紫霞萬道的水色山光。

江心上騰起過年的焰火，彩船上放飛賀歲的希望。

春潮澎湃，吉林的江、年輕的江以牛年的喜慶，

祝願吉林城百業興旺；

臥龍起舞，中國的江、希望的江以爆竹的熱烈，

祝願大中國國泰民康！

著名詩人 —— 雷恩奇

雷恩奇（1959 年-　），滿族，舒蘭法特鎮人。吉林省作家進修學院畢業，當代詩壇青年詩人之一。他是中國作家協會會員，吉林省青年文學工作者委員會委員，中國鄉土詩人協會理事，舒蘭市文化館創作組創作員，吉林省青年文學工作者委員會委員。

雷恩奇於一九七八年在舒蘭師範讀書時學習寫詩，由於勤奮追求，詩作經常在《細鱗河》《江城日報》上發表。從一九八二年起，陸續在《詩刊》《人民文學》《上海文學》《滿族文學》

▲ 雷恩奇

《萌芽》《解放軍文藝》等全國八十多家報刊發表詩作九百餘首。其作品以詩為主，兼及小說、散文等。《詩刊》《人民文學》《吉林日報》等多家報刊評介他的詩作。部分作品被選入人民文學出版社出版的《1983 年詩選》《1985 年詩選》，還被收入到《中國當代鄉土詩百家選》。一九八五年十月十五日，吉林電視台在「藝術漫步」節目中，播放了題為《山的兒子》專題片，描寫和記述了雷恩奇成長為青年詩人的艱辛歷程。他的詩作曾獲《詩刊》一九八三年優秀作品獎、吉林省第三屆（1983-1985 年）詩歌作品優秀獎，首屆「珍酒杯」詩歌大賽優秀獎。詩歌《山童》在中央電視台的「連環杯」徵賽中一舉奪魁。其詩作影響遍及北方文壇。主要著作有《關東風情》（詩集）、《綠皮日記》（詩集）等。特別值得一提的是在一九九五年十月，遼寧民族出版社編輯出版了其詩集《綠皮日記》，全書分「生命之鐘」「愛情村莊」「散文人生」「五色鄉土」等四輯。《當代滿族詩叢》主編魯野以《靈魂的雕塑》為《綠皮日記》作序，認為「宏觀地看《綠皮日記》，詩人對象徵手法的運用實在不乏其例，《綠皮

日記》雕塑了一顆摯愛生活執著探索的不安寧的靈魂。」此外，雷恩奇還涉獵小說、散文等作品，多次在全國獲獎。以下是雷恩奇的詩作：

紅房子

我從秋天走來
拾起你這殷紅的楓葉
讓你在沉默中
回答那些小花小草

家鄉被工整地貼在我的日記本裡
聽遠方傳來的山歌
我不時地問詢自己
母親就坐在窗下
母親就坐在秋天的歌聲中

望見炊煙我會微笑的
不息的河
流淌著蒼翠的牧歌
牽牛花總是在牛兒歸來時爬到籬外
那是紅的一朵
是我捉山蝶的妹妹

我們就誕生在母親的手上
誕生在秋天的紅房子裡
裡裡外外
滿是綠色的濤聲

我們每一天都在彎彎曲曲的小路上走著
只為了傾聽燃在灶前的那支　　啪啪的山歌

我從秋天走來
我是一棵紅楓樹
結出的果子

▌戲劇家 —— 焦桂英

　　焦桂英（1969 年-　），吉林省舒蘭市亮甲山鄉人。一九八九年從事業餘
戲劇創作，一九九〇年舒蘭市政府特批農轉非調入舒蘭市文化局創作室。係國
家一級編劇、中國戲劇家協會會員、中國戲劇文學會會員、吉林省舞台藝術中
心創作員、吉林省「二人轉」優秀劇作家、吉林省曲藝家協會理事、吉林省第
四批拔尖人才、吉林市文聯委員、吉林市江城精英、吉林市第四批拔尖人才、
吉林市感動江城德藝雙馨人物。

▲ 焦桂英演出照

▲ 焦桂英榮獲的獎項

　　焦桂英出生在一個普通的農民家庭，從小酷愛戲劇。一九八九年輟學務農後，開始從事業餘創作。在舒蘭文化館的一次筆會上，她嶄露頭角，兩部「二人轉」劇本《光棍爭妻》和《追驢》深受舒蘭文化局領導的青睞，並在吉林市慶祝新中國成立四十周年第一屆專業劇團創作劇目評獎中雙雙獲獎，摘取了吉林地區唯一的編劇一等獎的桂冠。一九九〇年舒蘭市人民政府特批農轉非，把她調到舒蘭文化局任專職創作員，一九九九年吉林市政府又按人才引進政策把她調到吉林市藝術研究所任專職編劇。

　　焦桂英懷著一顆感恩的心從事戲劇藝術創作事業，用豐碩的收獲證明自己的不同凡響。她的作品不但連年高產而且還連連獲獎。僅僅二十幾年的時間，她就先後創作出各種形式的文藝作品百餘部，而且大部分作品都在國家級、省級的全國公開發行的刊物上發表，並多次摘取國家級最高獎項的桂冠，填補了舒蘭市戲劇獎項的一大空白。其中電視劇《農家十二月》獲第二十屆中國電視劇飛天獎、中國第六屆神農杯銀獎；東北地方戲《對症下藥》獲首屆國際小戲藝術節優秀編劇獎；戲劇作品《發財之後》獲中國曹禺戲劇獎、全國第十一屆群星獎；戲劇作品《選舉之前》獲中國曹禺戲劇獎一等獎、全國首屆老舍青年戲劇文學獎優秀編劇獎；拉場戲《兩枚戒指》獲全國農村小戲展演優秀編劇

獎；全國首屆「二人轉」大賽優秀編劇獎；全國當代農村題材作品二等獎；二人戲《愛情加減法》獲全國第三屆中國戲劇文學獎一等獎；東北地方戲《問天》獲全國第四屆中國戲劇文學獎一等獎；小品《此路不通》獲第五屆中國戲劇文學獎二等獎；東北地方戲《村長醉酒》獲全國首屆戲劇

▲ 焦桂英演出照

文化獎二等獎；小品《父老鄉親》獲全國首屆原創作品創作獎；東北地方戲《還債》獲中國首屆沙家濱杯小戲大賽三等獎；東北地方戲《上等人》獲全國第八屆戲劇文化獎金獎；拉場戲《二嫂捉奸》獲全國相聲小品「二人轉」優秀劇目展演優秀劇目獎。在全國該領域的評比中焦桂英為舒蘭市爭得了諸多榮譽，在吉林省的「二人轉」各類評比中也是巾幗不讓鬚眉。其中「二人轉」《韓琪殺廟》《西施與范蠡》、單出頭《團圓夢》不但在吉林省「二人轉」藝術節設立的特大獎項中連連奪冠，還分別獲得吉林省政府的最高獎──吉林省「長白山文藝獎」優秀作品獎；單出頭《團圓夢》，拉場戲《兩枚戒指》《發財之後》《滴血的罌粟花》《二嫂捉奸》，「二人轉」《打擂奪花魁》《玉珠淚》《天上人間》《趙老黑過壽》《愛情加減法》《塞外情》等分別在吉林省「二人轉」藝術節評比大賽中獲編劇一等獎。她本專業的發展更是有所創新，拉場戲《夫妻盡孝》在吉林省「二人轉」小品藝術節大賽中獲得唯一的「編劇探索獎」，其獨特的創作手法為「二人轉」藝術開創歷史先河。一曲「二人轉」新曲《新雙回門兒》唱響大江南北，不但參加了二〇〇三年中央電視台的戲曲晚會，還於二〇〇四年走進中央電視台的《同一首歌》，有著濃郁地方特色的「二人轉」能登上春晚的舞台並走進《同一首歌》欄目，這在「二人轉」界也是首例，焦桂英成為本領域領軍人物。遼寧電視台、吉林省電視台分別錄製《爺們兒不在家》《二歪涮媽》《我想有個家》《紅燈瑞雪鬧元宵》《雇工記》《發財之後》《難斷是非》

《憨小討債》《豬八戒的愛情》等戲曲電視劇作品，並在《逗你開心樂翻天》及《農村俱樂部》欄目中反覆播放，深受廣大觀眾的喜愛。她的作品先後被遼寧瀋陽莎夢文化傳播公司、長白山文藝出版社、東北人音像公司錄製光盤全國發行，產生廣泛的社會效益。潛心藝術是焦桂英的理想，而以德為本則是她一生的追求。焦桂英與藝術愛好者聯手以「全國五一勞動獎章」獲得者、「全國模範工會幹部李賀」的先進事跡為素材創作的大型話劇《工會主席》於二〇〇四年七月應國家民委、中國石化總公司的邀請晉京匯報演出，引起強烈反響。在中宣部舉辦的「中國好人頌」以及「全國模範道德故事會」活動中，她全身心地投入創作，先後創作出「二人轉」作品《公安戰線「不老松」》《天下娘心》，故事《一諾千金》和《情暖人間》等作品，先後在首都大舞台上演，得到中宣部領導的充分肯定，被推薦到中央電視台的《曲苑雜壇》欄目中播放，並參加全國展演，深受百姓的喜愛。她積極踴躍參加迎接黨的十六大等活動，為其創作出「二人轉」作品《塞外情》，並榮獲全省一等獎。焦桂英有著高度的社會責任感，身體力行社會主義榮辱觀和社會公德。為宣傳計劃生育、「八榮八恥」、反腐倡廉等各個領域創作小品《媽媽你在哪裡？》《榮辱之間》《此路不通》等作品，分別獲獎並發表。她熱愛江城，為謳歌自己的家鄉不辭勞苦。在吉林市慶祝新中國成立六十周年晚會上，一曲歌舞快板《誇誇俺們美麗的城》道出全市人民對家鄉的熱愛。

盡管焦桂英在創作上取得巨大的成功，獲得如此多的殊榮，可她依然是冷靜的，在一個商品化的時代，戲劇藝術創作需要有安於清貧、甘於寂寞的定力，焦桂英一直沒有放棄自己的夢想，甘於奉獻，為家鄉的文化建設，為江城的父老提供豐富多彩的精神食糧，為吉林市文化事業的大發展大繁榮做出了自己應有的貢獻。

▲ 舒蘭風光

第四章
──

文化景址

舒蘭是有著悠久歷史和深厚文化底蘊的北方小城，山清水秀，景似天成。這裡有三千多年前的西團山文化遺址，曾是康熙皇帝巡游之地，既是富足的皇封貢地，又是重要的邊塞驛站。坐落在這片土地上的完顏希尹家族墓地，更是九百多年前大金國輝煌歷史的見證；亮甲山旅遊風景區，已然成為舒蘭旅遊文化的城市名片；鳳凰山是彰顯大自然巧奪天工、匠心獨運的天然傑作。如今，賞自然景觀，探古墓遺址，品貢米、鰉魚，聽烈女傳說，感受愛國情懷，已成為每一位來舒遊客的最大樂趣和感受。「果實之城」正以其獨特的魅力在松花江畔熠熠發光！

西團山文化遺址

　　青松四滴古棺墓群坐落在原青松鄉，現開原鎮四滴村二甲溝屯東北側的向陽山坡上。此地海拔約三百米，西北約三公里為海拔五一七米的九頂蓮花山，約二公里為大代王溝，東南約三公里為五滴村，西南山麓為溝川，有珠琪河從東北向西南流過。

　　墓群地表已開為耕地。一九七四年春，社員在趟地時發現石棺墓，遂報告縣文物主管部門。同年夏初，吉林市博物館派人前往調查。不久，吉林市文物管理委員會、舒蘭縣文化局和縣文化館派人前去進行搶救性清理，在已遭到破壞的四座石棺墓中，出土（包括從群眾手中搜集上來的）隨葬器物三十五件。

▲ 西團山時期石器

　　石棺的結構，為花崗岩塊石壘砌。墓室長一點五米至一點八米，寬四十釐米至六十釐米，深三十五釐米至五十釐米，墓向多為東北——西南向，頭朝山頂，腳衝山下。

　　隨葬器物為石器和陶器。其中石器二十一件，均為磨製，石質有砂岩和板岩，器類有斧、錛、鑿、矛、鏃等；陶器十四件，均為手製紅褐色和灰黑色夾砂陶，器類有鬲、壺、罐、缽、紡輪等。

石斧四件，均為扁平長方形，通體磨光，有斜刃和弧刃之分。最大的一件長二十一點三釐米、寬四釐米、厚一點五釐米；最小的一件長十五點二釐米、寬三釐米、厚一點三釐米。

石鏟一件，一面刃，近扁平梯形，通體磨光。長九點二釐米、腰寬四釐米、刃寬四點六釐米、厚一點二釐米。

▲ 西團山時期石器

石鑿一件，呈方錐形，通體磨光。長十一點六釐米、刃寬一釐米。

石鏃四件，均呈柳葉形，扁平柄，鏃身斷面呈菱形，刃頗鋒利。最短的一件通長六點一釐米、刃寬一釐米、厚〇點一釐米；最長的一件通長十二點九釐米、刃寬〇點九釐米、厚〇點一釐米。

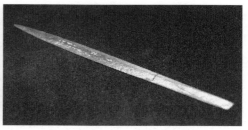

▲ 西團山時期石器

陶壺一件，手製素面褐色砂質陶，圓唇、直頸、鼓腹、平底，在腹部有對稱橋狀橫耳和附加貼耳，在兩對耳的表面有印刻「X」形劃紋。口徑九點六釐

▲ 西團山時期石器

米、腹徑十三釐米、底徑七點五釐米、高十九釐米。

　　陶缽一件，手製素面黑灰色砂質陶，圓唇、斂口、小平底，口徑十四釐米、底徑八點五釐米、高十一釐米。

　　陶紡輪八件，手製素面紅褐色砂質陶。分兩式，其中圓餅狀的四件，直徑五釐米至六釐米、厚〇點七釐米至一點一釐米、孔徑〇點五釐米至〇點七釐米；饅頭狀的四件，直徑三點七釐米至四點五釐米、高二點四釐米至三釐米、孔徑〇點二釐米至〇點四釐米。

　　鬲足一件，手製素面紅褐色砂質陶，呈圓錐形，中部直徑三點五釐米、高

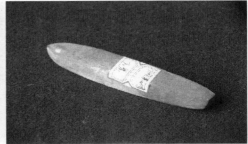

▲ 西團山時期石器

▲ 西團山時期石器

七點七釐米。

　　從石棺墓結構和器物類型看，文物屬於西團山文化遺存。青松四滴石棺墓群的發現和清理，不僅對於研究舒蘭市的歷史有極其重要的價值，而且對於深入研究西團山文化的內涵也不失為寶貴的資料。

　　開原泉子沿石棺墓群位於開原鎮泉子沿村南山松樹頂子山上。東山腳下為石場，舒蛟公路從石場東側通過，距呼蘭河約〇點五公里，西南連接起伏的山岳，北距開原鎮約一公里。

　　石棺暴露於地表，南北向，蓋石被群眾移作他用。石棺結構為花崗岩板石立砌，兩壁、頭尾、棺蓋各為一塊板石，無底石。棺長二二〇釐米、寬六十釐米、高七十釐米，板石厚達二十釐米至三十釐米，是比較巨大的石棺。

　　因石棺破壞年代較久，未發現任何隨葬品。

　　根據石棺結構、形制以及所在地理位置判斷，當屬於西團山文化遺存。

　　春田石棺墓群位於環城街道春田村北一點五公里的山岡上。北面和西面都是連綿起伏的山嶺，東邊為一山坳，下有耕地。

　　這是一座早已遭到破壞的石棺墓，墓穴內只見散亂的花崗岩塊石和一塊厚重的板石。據當地人講，當年在石棺內曾挖出過人骨。

　　從石棺墓的結構和埋葬的地理位置分析，此墓葬當為西團山文化遺存。

完顏希尹家族墓地

完顏希尹家族墓地在舒蘭市城東南小城鎮東北東村境內。金代著名開國元勳、尚書左丞相兼侍中完顏希尹及其家族的墓葬（包括墓碑），屬於吉林省級重點文物保護單位。

完顏希尹家族墓及完顏希尹神道碑，自清代光緒年間發現以來，《吉林通志》和《滿洲金石志》都有記載，早已馳名中外。解放後，吉林省、市、縣各級文物主管部門對這處重要的古跡又曾進行過多次調查，一直保護得很好。令人痛心的是，在「文革」期間，完顏希尹神道碑被人用炸藥崩碎，墓前的許多石雕刻物也被推倒或砸壞。

進入新時期，在黨的十一屆三中全會精神指引下，吉林省文物工作隊為了加強對重點文物的保護工作，於一九七九年和一九八〇年，對完顏希尹家族墓及其附屬物——石雕刻物進行了認真的復查、清查、發掘和修復工作。他們將墓地依據墓葬的分布情況劃分為五個墓區，東溝為一、二、三墓區，西溝為四、五墓區。在二、三、四墓區分別清理發掘了三座墓葬，出土了一批隨葬器

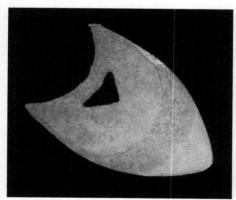

▲ 遼金時代文物

物，同時還在墓地獲得了數塊墓碑，初步確定了各墓區埋葬的一些墓主人的姓名與官職。

完顏希尹家族墓有一定的分布規律，大體是後依山嶺，前向溝川，坐北朝南，背風向陽。五個墓區總面積為一三六三六〇平方米，墓前共有七組石雕刻物，每組石雕刻物基本上都是由成對的石柱、石虎、石羊和石人組成，個別的還有石供桌，一般都有墓碑（或墓碣）。

石雕刻物的質料皆為花崗岩。各墓地石刻物的間距形制和大小，雖有差異但並不明顯。石雕刻物之間的南北距離一般為三點六米至四點一米，東西距離一般為五米左右。石柱由座、身、首組成，座下面近方形，每邊長四點五釐米至五點〇釐米，厚十釐米左右，座上面為圓形，直徑三十八釐米，凸出四釐米左右。柱身呈六棱形，上細下粗，長一點八四米至一點九八米，直徑三十釐米至三十四釐米。柱首略呈圓球形，直徑二十五釐米左右。石虎均作蹲坐狀，露齒張目，神態凶猛，高一點〇三米至一點一八米。石羊皆作跪臥狀，長〇點八九米至一點一二米，頭高〇點六三米至〇點七一米，性情溫順，狀如綿羊。石人均為立像，高一點四七米至一點九七米不等，文官在東，武將在西，頭戴冠、身穿袍、腳穿靴、腰繫帶，文官兩手捧笏，武官雙手繫劍。人物面頰豐滿，表情嚴肅。石羊、石虎、石人均置於與之聯成一體的厚〇點五釐米至一釐米的石座之上。墓碑大小不一，文字多少不等。

從發掘的墓葬看，墓室結構有石棺墓、石函墓、石室墓和磚室石槨木棺墓幾種。

現將調查、發掘所得按墓區記述於下（因碑刻單有章節，墓碑考證從簡）：

▲ 完彥希尹家族墓「昭勇大將軍同知雄州節度使墓」碑

第一墓區在東村大松樹屯東北約四百米處，小城鎮通往柳樹河村的鄉路旁。當年墓前有石柱兩對、石羊兩對、石人三對、石桌一對。此墓區在偽滿時期被日本人盜掘（未見正式報告發表，隨葬品不詳），從暴露的墓室看，均為青灰色板石立砌，呈長方形。數年前，吉林省博物館為了歷史陳列的需要，將這個墓區完整的石羊、石虎、石人運至長春。現原址尚存殘石人一個，殘石羊一個，殘石柱一個。在距石人四米處還有被盜掘的石棺墓一座，墓室東西長約四米，南北寬約二米。一九六九年，當地農民在墓地附近揀到「金紫光祿……」殘墓碣一塊；一九七九年，考古工作者又在此墓東南五十米處採集到「吵看郎君之墓」石碑一塊，落款為大定十年。在墓前數十米處，還有兩個青花崗岩柱座，間距十一點七五米，象限角為南偏東六十度，可知原墓前石雕刻物的方向是西北—東南向。石柱僅存下半段，殘長一點三二米；石羊頭部微殘，長一點一二米、頭高〇點六三米、頭寬〇點三五米、尾高〇點四九米、尾寬〇點四〇米；石人頭殘缺，倒伏在草叢中，身長一點八〇米，為文官。

第二墓區坐落在第一墓區西北約二五〇米處，從崗梁向南伸出的一個平坦的山包之上。這裡曾有「大金故尚書左丞相金源郡貞憲王完顏公神道碑」（篆書題額），龜趺龍首，碑身正反兩面陰刻楷書二八〇〇餘字，詳細地記述了完顏希尹的生平事跡（詳見碑刻條目）。一九七九年，吉林省文物工作隊將被炸毀的殘碑碎塊收集起來，運至吉林省博物館保管。

現原址僅存碑址和光緒二十年吉林將軍長順在其旁所立的碣石，此碣石為二石對榫銜接而成，基座呈「工」字形（詳見碑刻條目）。

據民國二十六年（1937年）《吉林省舒蘭縣古跡古物名勝天然紀念物》記載：「據傳二十年前，墓尚可辨，前有石桌，周有土垣高三尺許，垣外小碣十數，今覓不見」。在「神道碑」遺址北偏西五十度，距「神道碑」遺址約三十米處，現存石人、石羊、石虎各一對，石柱一個。石人為立像，頭皆殘缺。石羊一完整、一殘斷，完整者通長九十九釐米、頭高七十一釐米、尾高四十八釐米。石虎通高一點〇三米、頭高〇點二三米、頭寬〇點三〇米、胸高〇點三五

▲ 完顏希尹家族墓地

▲ 完顏希尹家族墓碑

米、胸寬〇點三八米、腿高〇點四五米、腿寬〇點四〇米。石柱長一點八四米，柱頭直徑二十五點七釐米、柱身直徑三十釐米至三十四釐米。

　　在此墓西面三十米至四十米處的一個崗梁上，原來也有完整的石人、石羊、石虎和石柱。現石人頭部皆殘，身長均為一點四五米。石羊一殘，另一完整，通長一點〇二米。石虎不存。石柱一殘斷、一完整，完整者通長一點九二米。一九八〇年七月，吉林省文物工作隊在石人北側十五米處，發掘了一座用花崗岩石條壘砌的石室墓，前有土砌的斜坡墓道，後接橫向長方形天井，墓門用碩大厚重的石板封堵，整個墓室用修琢規整的花崗岩石條砌築而成，結構嚴整，規模宏大，猶如一間地下房屋。墓室裡邊靠牆排列著五具裝有骨灰的石函，中間的一個石函比左右的四個石函略大。在墓室中出土的器物有長方形鐵券一方（字跡已脫落）、蓮瓣竹節形銅蠟台一對。未燃盡的蠟燭兩截、仿定白

瓷瓶一對、白瓷碟四個，在石函中還出土了包骨灰的殘絲織品數塊。考古工作者根據石棺的形制、石函擺放的位置、大小、隨葬物品，結合《金史》記載，認為此墓是完顏希尹及其家屬的墓葬，中間大石函裝的是完顏希尹的骨灰，兩側小石函裝的可能是完顏希尹兒子們的骨灰。

　　第三墓區在完顏希尹墓西北約一公里的一條南北走向的溝谷中。墓前石雕刻物有石人兩對、石羊一對、石虎一對。石人為文官二、武官二（其中一件斷頭）。石羊、石虎皆完好無損。在石人北側，一九七九年曾發現墓碣座五個，清理發掘墓葬一座。考古工作者在墓頂東南邊緣挖開表土層二十五釐米處，發現一塊「阿里郎君墓」碣石和一些碣石殘片。清理中發現盜洞一個，可知此墓已被盜掘。墓室距地表一點七〇米，墓內方向北偏東二十度，墓室為磚室，內有石槨，上用兩塊長二點四〇米、寬一點三〇米、厚〇點一二米的大石板覆蓋，磚室與石槨之間填有〇點一〇米厚的木灰，槨蓋頂部和石槨底部也鋪有一層木炭，由石槨內發現鐵棺釘，可知石槨內有木棺。在石槨蓋石上發現「太尉……濮國公之……」「公諱守道」的墓碣殘段，由此可知第三墓區是完顏希尹孫子墓地。

▲ 遼金時代文物

第四墓區在第三墓區西南約一點五公里的一條南北走向的狹谷中。這裡亦有成對的石人（一文一武）、石虎、石羊等雕刻物。石人，文官身高一點四七米，武官身高一點七四米，石虎、石羊皆完整，形制與前同。一九七九年，考古工作者在這裡清理了一座已被盜掘的殘墓，在距地表深一點六〇米處發現石函一個，為長方形，方向為北偏東二十度，石函長一點四八米、寬一點〇五米、高為〇點七六米，分蓋、身兩部分，用火成岩石料鑿刻而成，形制規整，素面雅致。石函內出土兩方字跡清晰、完整的墓誌，一為「昭勇大將軍同知雄州節度使墓誌」（誌的右首邊頭小字有漢字與女真字兩種文字）；一為完顏壽為其父昭勇將軍與其母烏古倫氏以禮合葬的墓誌，共一一〇餘字（詳見碑刻條）。

　　第五墓區在第四墓區西南約二公里的山谷坡地上。由於這裡地處西溝，距居民點較遠，人跡罕至，石雕刻物保存較好，從南向北豎立的石柱、石虎、石羊和石人各一對基本完好，形制與尺寸大體同前。以石人為例，文官身高（包括底座）一點八〇米，冠寬〇點二四米、面寬〇點二二米、肩寬〇點五米、底寬〇點六四米；武官身高（包括底座）一點七六米，冠寬〇點二二米、面寬〇點二〇米、肩寬〇點三米、底寬〇點六二米。一九七八年當地社員在石人南側約五十米處的耕地裡，發現已殘的「招討……奉斜……」殘墓碣一塊。一九七九年考古工作者又在石人北側約五米的表土中，採集「……司代國公之碣」殘

▲ 遼金時代文物

墓碣一塊。完顏希尹父完顏歡都，死後曾被追封開府儀同三司、代國公，可知這裡是完顏希尹父親的墓葬。

除吉林省文物工作隊發現的上述完顏希尹族人的碑碣外，過去在完顏希尹家族墓地發現的碑碣還有一些，其中有「太子少保之墓」「奴哥馬郎之墓」「畏合裴羊吉之墓」「悟輦明威之墓」「阿尹太夫人之墓」。這些小碣「首作圭形，面雲水紋，高一尺七寸至一尺五寸不等，廣皆八寸，字大二寸許」，「每碣之石皆書大定十年歲次庚寅十一月丁丑朔初八日甲申謹記」年款。由此可見，這裡還埋葬著許多未見文獻記載的完顏希尹嫡系和支系的族人，這些墓碣有待今後繼續搜集和研究。

完顏希尹家族墓地的石雕刻物具有很高的歷史藝術價值，它不僅反映

▲ 遼金時代文物

了唐宋文化對金代文化的深刻影響，而且反映了金代中期貴族墓前石雕刻物造型藝術的特點，是研究金代埋葬習俗和文化藝術的珍貴實物資料。

幾種墓室結構，比較全面地反映了金代的埋葬習俗以及各族文化的相互影響。其中石棺墓是東北中部地區青銅時代穢貊等族普遍流行的葬具，石函墓與佛教傳入有密切的關係，石室墓不能否認是受高句麗石室墓影響的產物，而磚室石槨木棺墓顯然是仿宋墓的形制。

嘎呀河古城遺址

位於白旗鎮嘎呀河村東南嘎呀河南岸。城東三百米處是舒蘭灌區堤壩，東南為崗地，約二公里是村辦磚廠，南面為開闊的沖積平原，西北鄰嘎呀河屯，距白旗鎮約三公里。

城牆為夯土構築，夯層厚九釐米至十二釐米。城近方形，四面城牆皆有馬面。城牆大部分保存尚好，東牆長四一二米，現高二點七米，有馬面三個；南牆長三五八米，現高三米，有馬面二個；西牆四一〇米，現高四點三米，有馬面三個；北牆長三六〇米，現高三點七米，有馬面二個。馬面一般長五米左右，現頂寬三米，向外凸出約一米，高出城牆五十釐米至一百釐米。城的四角有角樓遺址，現高出城牆一點五米左右。

城的方向為北偏西三十度。南牆正中有一道門依稀可辨，現寬十三米。城外四周個別部位隱約可見護城河痕跡。

城內已開為水田，不見任何遺物。在南牆、北牆和西牆的裡外坡有村民開的小片荒，東牆因臨嘎呀河屯，頂部變成鄉道，比其餘三面牆低約一米。東牆北端殘五十二米，南牆西端殘七米，南牆東端殘八米，西牆北端殘五米，北牆東端殘六十三米。城的東北角和西南角分別有水渠通過。

據當地耆老講，當年城牆有一丈二三尺高，棱角分明，牆上長著參天的大榆樹，城內中間部位散布有許多磚石、瓦片。解放前，城內曾出土過鐵劍、鐵箭頭等武器，還有陶、瓷器物碎片，鐵鍋和古銅錢等。

解放後，嘎呀河村村民高鳳昌在該城旁邊的農田地中拾得一方「中書門下之印」，係漢字朱文九疊篆，黃銅鎏金質地。印面近正方形，長七點五釐米、寬七釐米、厚一點四五釐米。方壇板狀紐，在紐頂刻一「上」字，以標誌倒正，顯係實用官印。據《宋史》記載，北宋諸王及中書門下印方二寸一分，銅質鎏金，盛行九疊篆印文，筆畫折迭繁複，這方印恰與之相合，因而可以斷定

此印為北宋所鑄。北宋中央機構的印章為什麼在這裡出土？據推斷可能是一一二七年（北宋靖康二年、金天會五年），金國元帥左監軍完顏希尹率金兵攻陷北宋都城汴京（今開封）時掠獲的。也有人認為此印為金代文物。這方重要官印的發現，對於研究宋代中書、門下省的印章制度和金代與北宋的關係而言，是寶貴的實物資料。

嘎呀河古城的形制和規模，同坐落在永吉縣烏拉街鄉的富爾哈古城頗為相近，都屬於周長在一千米至三千米之間的中型古城。這類古城多數始建於遼代，特別是遼聖宗（983 年-1031 年）以後，金代加以沿用。這種中型古城，多為遼代的軍事據點或金代的謀克村寨。

金代（1115 年-1234 年）吉林地區的主要居民是女真人和漢人。金初，金朝不僅將女真人編入猛安謀克，而且還將漢人及其他各族編入猛安謀克，直到金熙宗皇統五年（1145 年），猛安謀克才成為女真人的專有組織，他們的「居

▲ 嘎呀河古城碑文

▲ 嘎呀河古城碑文

止處皆不在州縣，築寨處村落間」。據金大定二十四年（1184 年）統計，金共有猛安二〇二個、謀克一八七八個。「金之初年，諸部之民無他徭役，壯者皆兵。平居則聽以佃漁射獵。習為勞事。有警則下令部內及遣使詣諸孛菫征兵。凡步騎之仗糧皆取備焉。其部長曰孛菫，行兵則稱曰猛安、謀克，從其多寡以為號。猛安者千夫長也，謀克者百夫長也。」實際上，猛安謀克制是金代統治者役使女真人戍邊和屯田的一種措施。金代，吉林地區大體屬於上京路會寧府的南境，為金的內地，這裡的軍事勢力，一般由兵部總轄、節度使統轄。

　　嘎呀河古城，是研究遼、金兩代城池建築的實物資料，是金代女真人謀克村寨的例證之一，城址附近出土的「中書門下之印」，對於考證該城在金代的歷史地位有著重要的參考價值。

法特哈邊門遺址

　　法特哈邊門是清代康熙年間修築的柳條邊（新邊）最北端的一個邊門，位於法特鎮北，距鎮政府約○點五公里處。該門的來歷有兩說：一說「法特哈」是山名，山在法特哈江西，形狀如蹄，滿語法特哈是蹄的意思。故門以山得名。康熙「東巡」至此，指門外黃山咀子，因改名巴彥鄂佛羅門。巴彥，滿語是富的意思，鄂佛羅意思是山咀，言山咀林木茂盛。法特哈邊門南至伊通邊門三百多裡，「為伯都訥（今扶余）、黑龍江往來孔道」（《盛京通志》卷三三）。另一說法特哈門也叫「巴彥鄂佛羅門」，就是現在法特的北門。在法特有法特哈山，滿語是馬蹄子的意思。法特哈原是驛站名，設門後把站名改成門名。法特哈門在過去是北通卜奎（今齊齊哈爾），南通奉天的唯一大門，該門歸吉林將軍管。這兩種說法，我們更認同後者。

　　該邊門現已不存在。據調查，當年法特哈邊門是大青磚所砌，門口呈方形，其寬並排可走兩輛大車。門上邊有起脊門樓，上掛灰瓦，同現在的瓦房相似，一九四七年拆除。又據調查，各邊門門樓上方中央部位原來都懸有匾額，但多已散失。門樓兩邊有耳房，一邊是囚室，另一邊住巡差。門樓內是邊門的防禦衙門，有文武兩個章京，下有披甲兵（即八旗驍騎營之兵）三四十人。平常披甲兵分班守備，職責是掌管邊門啟閉，稽查行人出入。過往行人都得從門洞走，否則就犯「爬邊越口」罪，要受重罰（《柳條邊建置調查紀實》）。

　　所謂文武二章京，一為滿洲防禦旗員，一為筆帖式，皆相當於五品官。此外，還設有領催一人。所謂披甲兵，即滿、漢八旗兵，法特哈邊門共有二十名，統屬寧古塔將軍（乾隆二十二年，

▲ 清柳條邊圖

即一七五七年命寧古塔將軍為鎮守吉林等處將軍，簡稱吉林將軍）。

法特哈邊門與其他邊門一樣，都是通過柳條邊牆的通道，其主要目的是：

一是清統治者在入關前，爭奪全國統治權的根據地是遼東地區，在滿族統治者看來，遼河流域和吉林部分地區是他們「祖宗肇跡興王之所」，是「龍興重地」，便把這一地區劃為特殊地帶，嚴禁其他各族尤其是漢族入內，以防損害所謂「龍脈」。

二是遼河流域和吉林部分地區，都是滿族聚居的地方，清朝統治者為了保持滿族之戰鬥力，防止滿族漢化，從清太宗時起，就以金人被漢族同化為戒，而繼續採取封禁的措施。

三是遼河流域大部分是農耕地區，也是旗人（滿、蒙、漢軍旗人）聚居的地方，清統治者為了緩和滿族內部的階級矛盾，保持經常徵用的八旗武裝力量，曾制定了優待旗人的政策。所以從清初開始，就把遼河流域的大部肥沃土地，分給八旗官兵及其家丁，這些旗田都劃在柳條邊之內，嚴禁八旗以外的漢人或其他民族的成員，遷入柳條邊內墾耕、種植和放牧。

柳條邊牆遺址

　　柳條邊牆是清代順治、康熙年間在東北遼河流域和吉林松花江流域修築的以「封禁」為主要目的的防護設施。據清人楊賓《柳條紀略》記載：「今遼東皆插柳條為邊，高者三四尺，低者一二尺，若中土（指中原——編者注）之竹籬；而掘壕於其外，人呼為柳條邊，又曰條子邊。」其築法是：用挖壕的土，堆成高、寬各三尺以上的土棱子（文獻上記為三尺可能有誤，從新邊保留的邊牆遺跡看，有的高達兩米以上），土棱子上邊每隔五尺插柳條三株，各株之間再用繩聯結橫條柳枝，形成柳條籬笆，即所謂「插柳結繩」。土棱子外側的壕溝，一般深八尺、底寬五尺、口寬八尺，斷面呈倒梯形，以阻擋車輛或行人逾越，因此老百姓又稱柳條邊為「邊壕」。

　　柳條邊分為老邊和新邊。所謂老邊，是指順治年間所修的東西兩段邊牆。其走向是：東段由鳳凰城向南至黃海之濱，向北經興京（今遼寧新賓）至威遠堡；西段由威遠堡經法庫、彰武、清河與山海關的萬裡長城相接。老邊（又稱盛京邊牆）形成一個無底邊的三角形——「∧」。在東邊牆的東側和西邊牆的西側統屬邊外，只有東邊牆的西側和西邊牆的東側夾角以內屬於邊裡。沿柳條邊的走向，由山海關至鳳凰城，自西而東設有十六個邊門，它們是：鳴水堂邊門、白石咀邊門、梨樹溝邊門、新台邊門、松嶺子邊門、九關台邊門、清河邊門、白土廠邊門、彰武台邊門、法庫邊門、威遠堡邊門、英額邊門、興京邊門、鹼廠邊門、靉陽邊門、鳳凰城邊門。所謂新邊，是指康熙九年至二十年（1670-1681年）修建的自開原的威遠堡至今吉林省舒蘭市蓮花鄉邊沿口附近的馬鞍山的邊牆。由於這條單邊修築時間較晚，所以俗稱新邊。它的具體走向是：由威遠堡經四平市東南、懷德縣南偏西、長春市南伊通河西岸，直至舒蘭市亮甲山北麓的馬鞍山。自這條單邊修成後，單邊以西稱為邊外，以東則稱為邊裡，但由於單邊的邊裡原來在老邊的邊外，所以世居老邊裡的老百姓習慣上

也有稱吉林地區（包括輝發河流域和松花江上中游一帶）為邊外的。這條單邊自南而北設有四個邊門，它們是：布爾圖庫邊門、克爾素邊門、伊通邊門和法特哈邊門。至此，整個柳條邊成人字形，即「東從大東溝西南瀕海起，北上經鳳凰城邊門，折而東北經今新賓縣東南汪清門，折而西北到今開原縣東北的威遠堡，由威遠堡折而西南行接長城，又由威遠堡東北走向到今吉林市北的法特。

舒蘭市法特鎮和蓮花鄉至今還保留著邊牆和邊壕的殘跡，個別地段尚相當清晰，現據文物普查記錄簡述於下：

自九台市逶迤而來的柳條邊，到松花江左岸中斷，在松花江右岸法特鎮王大村的邊頭屯西側，邊頭復又登陸，由此曲折東行，經秫秸橋、法特哈邊門、趙家崗子、榆底小南屯、頭台子，直到蓮花鄉黃金村邊沿屯的馬鞍山截止。

邊頭，顧名思義，是松花江右岸的柳條邊牆在此起頭的意思。在它西邊約四百米為松花江流，南、西和北面是開闊的沖積平原，東面連接邊牆。邊頭頂部由於曾作為永舒榆灌區的引水渠道，現已改變原貌。邊頭現高三點二五米、寬十五米、長二十米，在西側斷面可見夯層，厚六點五釐米至十二點五釐米。邊頭東側隔鄉路（路面下面有輸水管道）與東西走向的水渠相接，渠道就是當年柳條邊牆的牆基。從這裡開始一直至秫秸橋一帶的邊牆基礎高出附近地面〇點五米至一點五米，頂寬一米至一點五米，基寬三米至四米不等。在法特哈邊門的東西側數公里範圍之內，有的地段已夷為耕地，難覓邊牆的痕跡，有的地段邊牆殘跡尚存。如在榆底村西南和頭台村西北之間的耕地裡，就有一條寬約二米、高約一米、長約公里的土棱子，其上長滿了灌木和野草，為今日頭台村與榆底村之間的分界線。保存得最好的一段邊牆（包括邊壕），在舒蘭市境內要數法特鎮榆底村小南屯西南〇點五公里處的一段了。這段邊牆長二一〇米、上寬二點七〇米、高出平地〇點四〇米至一點五〇米，牆北側壕溝深四點二〇米、底寬二點九〇米、上口寬五點五米。基本可見當年邊牆（邊壕）的面貌，唯有牆頭上當年長著的大柳樹早已不見了。

▲ 柳條邊牆遺址

▲ 柳條邊牆遺址

　　柳條邊門的作用有兩個：一是剝削各族人民的封建關卡；二是聯結東北廣大地區的門戶。據規定：凡進、出邊門的各族人民，都要持有關部門發放的通行證，從指定的邊門驗票出入，不然就以私入「禁地」論罪。據記載，當年經過邊門的馬車，進出要納稅四百文，送葬經過邊門也要納稅。各「邊門管事的是大千爺、二千爺，衙門內擺著大眼枷、黑紅棒和皮鞭子，是管來往行人的」（《柳條邊建置調查紀實》）。凡在邊裡偷採人參、偷捕水獺、偷採東珠等土特產者，一旦被抓獲，都要受到嚴酷的懲罰。據《大清一統志》記載：康熙十二年（1673年）題准，凡「在禁河內來捕蛤蜊及採蜂蜜、捕水獺、偷採東珠者，照採人參例。為首者擬絞監候，為從者枷兩月，鞭一百」。如「各項採捕人，將本身印票轉賣他人者，買賣之人各枷兩月，鞭一百」。如「雇人偷刨人參」，「不分旗民，俱發雲南省充軍」，「只身潛往偷刨，得參一兩以下，杖六十，徒一年；至五十兩（注：應為五兩），杖一百、流三千里；為從及未得參，各減

一等」。綜上所述，可見清朝政府的封禁政策給各族勞動人民帶來多麼嚴重的惡果。

沿柳條邊除設有邊門外，還設有許多邊台。「每邊台設千總三員到四員，下轄台丁一百五十名至二百名」。台丁是「由漢人入旗籍人充之，種地免徵租稅」，台丁的職責主要是每年二、八月修壕補邊，稱「邊耗子」。在法特鎮東十二裡有頭台村，該村就是以沿柳條邊設的從東數第一個邊台而得名。據調查由此往西，共有十個邊台，法特哈門是二台，經邊頭過松花江到九台縣還有八個台，俗稱上十台。到十台再往下重排至九台，俗稱下九台，今吉林省九台市就是因台而得名。據當地耆老講，邊台並不是類似墩台或烽火台一類的土台子，只是一個駐地，在此地設千總、駐台丁。

由於清朝的「封禁」政策既不利於民族之間的團結，又阻礙生產力的發展，所以，從柳條邊一開始修建就不得人心，到修成之後又一直被各族勞動人民（包括滿族勞動人民在內）所反對。「犯邊」的事情經常發生。由於國內外形勢所迫，清廷不得不實行弛禁政策。自從嘉慶八年（1803年）五月，上諭規定「出關民人，凡只身前往貿易、傭工以及遇關內荒歉之年的就食貧民，持地方官員發給的證件，允許進入東三省」以來，關內人民流入東北的日益增加，並有許多漢族勞動人民「爬邊越口」到邊裡偏僻之地謀生。據記載，嘉慶十五年（1810年）十一月，在吉林廳查出流民就有一四五九戶。嘉慶十六年（1811年）上諭命吉林將軍賽沖阿：「嚴飭各邊門、關隘實力查禁，並飭該管官申明保甲之法……若有官吏互相容隱、私行縱放，一經查出，即具實參處」。但這一禁令，同以前一樣並未生效。

至道光二十年（1840後）以後，封禁政策實際上就廢除了。作為封禁的產物──柳條邊，由於人為和自然的破壞，不僅絕大部分邊牆已無跡可尋，就是邊門也被拆除殆盡，更不用說柳條邊牆上面當年栽種的柳樹了。在這種情況下，舒蘭市法特鎮榆底村小南屯保留的一段基本可見原貌的邊牆和邊壕遺跡，作為封禁政策的實物例證，更有加以妥善保護的必要。

黃魚圈珠山遺址

　　黃魚圈遺址位於舒蘭市法特鎮黃魚村西珠山上。東南距縣城六十五公里，正當舒蘭、榆樹、德惠、九台四市交界處。遺址是一九六〇年文物普查中發現的，一九八一年四月二十日，經吉林省人民政府公布為吉林省第二批重點文物保護單位之一。

　　珠山，又名團山子，坐落在松花江右岸，山勢漫緩，周圍是一片平川。寬闊的松花江在這裡分出幾條江汊，主流經珠山西側山腳緩緩北去，一支旁汊在山南向東形成一個較大的水泊。這裡山水平川交織成趣，自然條件十分優越，既可事田圃稼穡之業，又可得漁獵採集之利，古往今來，一直是勞動人民生息居處的好地方。

　　遺址分布在整個珠山山頂，總面積約十五萬平方米，遺跡、遺物以東、南兩側山坡最為密集。一九八〇年和一九八一年，吉林省文物工作隊會同縣、鄉文化幹部，對因連年採石而顯露在斷崖上的幾處房址，進行了搶救性的清理發掘，從而對遺址的年代、內涵有了比較明確的認識。

　　通過發掘得知，該遺址包含青銅時代的西團山文化、鐵器時代和遼、金文化遺存等。

　　黃魚圈珠山遺址中，大量的是青銅時代的「西團山文化」遺存。這裡共清理發掘這一時期的房址九座、灰坑一座，獲得陶、石遺物百餘件，我們對這一文化遺存有了比較清楚的認識。

　　這時的人們，居住在「半地穴式」的房屋裡，這些房址都修建在平緩的坡地上，四壁和居住面抹有一層黃泥，並焙燒得十分堅硬。房址有長條形和長方形兩種形式，前者長寬比約為二點五比一，後者約為一點二比一。在室內大都砌有「火」，以便保存火種。火有的用石塊砌築，但大部分是用黃泥抹成，一般是一室一個，個別的有兩個火，大者長九十釐米、寬二十五釐米，小者長十

▲ 黃魚圈珠山遺址碑文

五釐米、寬十二釐米，位置大多在房址中部，少數偏在一角。無火者都是用石塊支起炊器，就地架火，從而其間留下一層較厚的燒土和灰燼。保存最為完好的是六號房址，長四米、寬三點一米，西北—東南向，圓角長方形。室內抹有黃泥並經焙燒，穴壁和地面都顯得平滑、光潔。東南面的穴壁正中，有一個

▲ 黃魚圈珠山遺址

寬九十釐米、外層六十釐米的斜坡門道。西北角，有一長三十釐米、寬二十釐米、深五釐米的黃泥火，沿牆一周，擺放著鼎、缽、碗等陶器和石斧等六件器物。這座房址幾乎未遭破壞，有一定的代表性。

遺址中出土的遺物很豐富，石、陶、骨器都有。石器均為磨製，質料有板岩、凝灰岩、變質砂岩和玄武岩等。種類有斧、刀、錛、鑿、石磨盤、孔石球以及大量的石網墜等。陶器完整者不多，大多殘破，均為手製素面褐色夾砂陶，陶質較粗鬆，器表一般經過打磨處理，不施紋飾。由於燒造火候不勻，同一件遺物的器表往往顏色不一。器形有鼎、鬲、豆、壺、罐、甑、碗、缽、杯等，其中鼎、鬲、壺、罐較富於變化。

遺址堆積豐富，疊壓打破關係比較複雜，顯然是一處人煙稠密，延續時間較長的村落。其中遺物較多的是五號、三號、二號房址，大致可以代表該遺址的幾個不同的歷史階段。遺址的年代，據國家文保研究所測定為距今2815±125年，其上限可能達到西周中晚期。

這裡應該特別提到的是，遺址中的唯一石棺墓——一號墓的發掘。一號墓位於珠山東坡，開口於第二層下部，基底打破十號房址東北角。墓為東北—西南向，呈長方形，底和四壁均以不加修整的自然碎石壘成，無蓋板，大小僅容一身。棺內骨架早已腐朽，在墓室西南角隨葬陶器十二件，殘石鏃一件。陶器

▲ 黃魚圈珠山遺址

全部是仿照日用陶器特製的專門用來隨葬的小型「明器」，豆、罐、壺、杯皆有，組合較為完整。最大的一件陶罐，口徑為七點二釐米、高為八釐米，最小的陶罐口徑為二點九釐米、高僅三點八釐米，唯一的一件陶豆作淺盤半空心座，盤口直徑三點九釐米、底座直徑二點六釐米、通高四點四釐米。和過去發掘的數百座「西團山文化」墓葬相比，此墓既不同於長蛇山那種「土坑墓」，也不同於猴石山那種規整的用塊石疊砌的石棺墓，更區別於星星哨那種板石對砌的石棺墓，盡管隨葬器物的陶質、陶色無明顯差異，但某些器形──如淺盤柱柄豆、侈口深腹罐等，與我們習見的「西團山文化」同類器物造型迥然有別，全部用明器隨葬而無一件實用器的墓葬也是前所未見的。這些差異可能標誌著喪葬習俗的不同，也可能是作為一種新的文化類型出現在歷史的進程中。

總之，黃魚圈珠山遺址的發現和發掘，為我們了解和認識西團山文化的面貌、特徵，提供了新的資料，對於今後進一步研究分析西團山文化的分期編年、類型劃分以及今後在更大範圍內找尋晚於西團山文化的歷史遺存，都具有較重要的價值。

該遺址被公布為省級重點文物保護單位以後，舒蘭市委、市政府曾多次派人檢查保護情況，明令禁止在保護範圍內放炮採石，杜絕深翻動土，切實地加強了保護工作。

舒蘭驛站

　　舒蘭人都知道，舒蘭，滿語是果實之意。可是你知道為什麼用「舒蘭」做我們的市名嗎？還是讓我們從舒蘭的驛站說起。

　　驛站是中國古代供傳遞官府文書、軍事情報的人或來往官員途中食宿、換馬的場所。有現在的兵站、郵政、招待所等多項功能。

　　舒蘭西部的松花江流域早就有人在此居住。在遼金時代由吉林烏拉（今吉林市）北去伯都訥就有一條大路，此路繞嘎呀河故城西、北而過，歷經元、明不曾廢置。至一六七六年（康熙十五年）寧古塔（今黑龍江寧安市）將軍衙門移駐吉林烏拉，吉林烏拉就成為東北的政治、軍事重地。康熙二十二年（1683年），在雅克薩之戰前夕，康熙帝命人著手設置從吉林烏拉向西北經伯都訥到黑龍江卜奎（今齊齊哈爾）的驛站。吉林烏拉北去伯都訥這條遼金時代的大路就成為驛路，今為二〇二國道的一段。這條驛路在舒蘭境內全長三十八點八公里，南起艾屯北至荒山嘴，貫穿現在的溪河、白旗、法特三個鄉鎮。從吉林烏拉驛站出發經金珠鄂佛羅驛站（今金珠鄉），第三站就是法特哈驛站，後稱法特哈站（今法特鎮）。雍正五年（1727 年），因金珠鄂佛羅驛站與法特哈驛站間距較遠，所以在位於松花江的支流舒蘭河的東岸又增設了舒蘭河驛站，後稱舒蘭站（今溪河鎮舒蘭站村）。這樣舒蘭境內就有兩個驛站了，這兩個驛站隸屬吉林將軍府，是舒蘭域內晚於法特哈邊門的行政單位。

　　兩個驛站都築有門樓，上書站名匾額。史料記載，宣統二年十月，法特哈驛站正青瓦房三間

▲ 法特哈驛站舊址殘存局部

為辦事機關，草廂房三間，青瓦房庫房五間，站外有正青瓦房三間（1985 年尚存）、馬廐數間。舒蘭河驛站，正青瓦房三間為辦事機關，十二間青瓦庫房，馬廐五間。

▲「吉林法特哈邊門防禦鈐記」印

驛站的工作人員叫驛丁，驛丁都是旗人，清朝將給滿族做事的其他民族的人都稱為旗人，旗人也分為三六九等。法特哈站、舒蘭河站的驛丁當然也是旗人，只是僅為「下下等」旗人。邊台、驛站、網戶三項旗人，係清初三藩降卒，均為平定吳三桂時的俘虜；分布邊台守邊挑壕，驛站傳遞文書、網戶捕牲羅雉。驛站對驛丁及其後代規定「三不准」：一不准當官；二不准參加科舉考試，不許經商做買賣；三不准離開驛站百里，越百里者即為「叛逃」，違者殺罪。對於驛丁的婚姻驛站也有嚴格的規定，他們只能是在五十里以內訂婚娶親。其家屬的活動範圍，也被嚴格控制在方圓八里地之內。驛丁被畫地為牢，永無出頭之日，人身自由受到限制，驛丁就是在這種非人待遇下為清政府賣命的。驛丁待遇還不如牛馬，《吉林通志》載：「每匹馬的草豆銀一年十八兩，每頭牛的草豆銀一年十二兩。可是，每個站丁一年的俸餉不足〇點十六兩。」也就是說，一百名驛丁吃的「皇糧」不如站裡的一匹驛馬。驛丁得到的報酬寥寥無幾，還不撥給驛丁口糧，只是按人頭撥給荒地，驛站的牛就是驛丁用於自行開荒生產用的，自給自足，養家糊口。清朝政府一直採取這種「以站養站」的方法，來維持驛站的運轉。每個驛丁負擔耕地有七坰之多，經營這麼多的土地，驛丁勞作的艱苦不言而喻。

康熙九年至二十年（1670 年-1681 年），清政府修築了自開原威遠堡至舒蘭境內亮甲山北的柳條新邊。築邊後，舒蘭境域的東部張廣才驛站、法特哈驛

站，還有每年收繳舒蘭境域的鰉魚、東珠、松子、人參等貢品的任務，然後通過驛道一站一站地遞送到京城。

　　兩個驛站有史料可查的人員只有：舒蘭河驛站，光緒二十八年（1902 年）筆帖式富良阿。法特哈驛站，光緒十八年（1892 年）筆帖式恆林，領催委張廷海。光緒二十八年（1902 年）筆帖式博崇。也許時光過去得不遠，我們走進法特哈驛站，見識最後那一位站官趙文博（滿名博崇聞）。有幸的是史料對他有所記載，民間有傳說。光緒二十八年（1902 年）他任法特哈驛站站官。在任期間，他為政清廉，主持公道。一九一一年，天德當鋪掌櫃用假官帖欺騙群眾，法特街民關軍武為其不平，殺死了當鋪掌櫃，獲罪入獄。趙文博將狀子中「持刀殺人」改為「奪刀殺人」，一字之異，使關軍武免於死罪。此舉受當地百姓贊譽至今。一九〇七年廢除驛站後，他已是法特一帶的開明士紳，在法特民眾中享有很高的聲譽。憑他在社會上的影響力，他繼續在民間做公益事業，參與重大的社會活動，積極倡導民眾教育，後被推選為法特哈門小學校校董。驛站從人們的視野中消失了，驛站的人也逝去了，但為民做好事的人，人們卻至今不忘。

皇室貢品「東珠」遺址

　　清朝宮廷的禮儀制度，顯示著皇帝威儀的尊嚴和皇權的至高無上。冠服制度是清朝禮儀制度的重要組成部分，東珠是體現上至皇帝、下至王公貴族等級的重要標誌。皇帝朝冠上飾東珠一顆，冬用朝冠前綴東珠十五顆，後綴飾東珠七顆。皇帝朝服腰間的朝帶上，共銜東珠二十四顆。

　　在清朝所劃的貢山貢水中，就出產這種貢品東珠，名曰北珠，是淡水珍珠的一種。它生長在一種軟體動物蛤蚌內。蛤蚌貝殼長圓，形黑褐色。在外界條件刺激下，蛤蚌殼內分泌並形成具有明亮光澤的一種固體長或圓粒狀物體，以顆碩光潤、均勻、瑩白為佳品，大者直徑可達半寸。東珠根據產地名之，從廣義上說，它產於東北三省，唯吉林、黑龍江境內的松花江、黑龍江、嫩江、愛輝各江河流域產地最佳；從狹義上指松花江下游及其支流所產的珍珠。

　　乾隆十九年（1754 年），弘曆皇帝東巡吉林，在吉林住了八天，接連寫了兩首詠東珠的詩。他在《採珠行》中寫道：「圓流高蚌清且淪，元珠素出東海濱。旗丁泅採世其業，授餐支餉居虞村。」虞村，即今吉林市龍潭區烏拉街。虞村與舒蘭其實皆為清室封禁之地，是清廷定鼎燕京，統御華夏，肇基之地之一隅。

　　松花江過舒蘭西境，流經舒蘭河驛站、法特哈門（今之溪河、白旗、法特三鎮）。舒蘭產東珠除境內的松花江外，據《打牲烏拉地方鄉土志》記載，捕珠上下各河口還有：小溪浪河、舒蘭河、霍倫河、珠琦河、拉林河、溪浪河、大石頭河、三岔河、黃泥河。《永吉縣鄉土志》也有相同內容的記載。《打牲烏拉志典全書》對順治至光緒年間隸屬於打牲烏拉總管衙門採捕東珠的組織機構、人員、工具、採捕定額、獎懲、恭送東珠時間都有詳細的記載。舒蘭境內所屬之貢江、貢河及貢品，均由打牲烏拉總管衙門負責採捕，其衙門直接隸屬清廷內務府。康熙年間，制定了採捕東珠及其各項《章程》，採珠由八旗出

派，珠軒是清廷在採珠八旗內設的採捕機構。乾隆五年（1740年），吉林將軍常德與烏拉總管衙門合併捕打東珠等差。採珠者一般為打牲烏拉王公貝勒的包衣，人數十三四人不等，多達三十人，其頭目叫「珠軒達」。鑲黃、正黃、正白三旗和正紅、鑲白、鑲紅、正藍、鑲藍下五旗均有採珠任務。

採捕東珠需用小船，當時稱作威呼。以獨巨木刳其為舟，兩端銳削，底圓弦平，小者可納二三人，大者可容五六人，輕便快捷。捕珠者每年從四月乘舟採捕，至八月方回。此間需備鐵鍋、賑房、鹽糧、油麻、醬醋等，所需餉錢均由打牲烏拉總管或吉林將軍奏請清廷撥款。另需馱馬、人夫、官丁等。

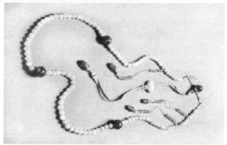
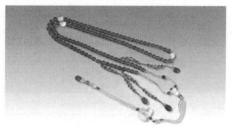

▲ 清皇室東珠

在松花江、拉林河採珠所需船隻，在《打牲烏拉志典全書》「採捕東珠」一節有概括介紹，我們無法分出舒蘭境內河流，當時所撥的威呼有多少隻。在上述文字記載中，我們看到往赴拉林、阿勒楚喀（今黑龍江哈爾濱市阿城區的東阿什河）等河，共兩莫音（隊），用威呼十一隻。拉林河是松花江一級支流，發源於吉林省敦化市石砬子山，於大青嘴子山腳下流入舒蘭市東境的金馬鎮，入舒蘭境時另一支流經黑龍江省五常市。拉林河在舒蘭市境內長二十五公里，霍倫河是其支流，在哈爾濱市西南七十五公里處注入松花江。我們看到拉林河和東阿什河等河，有兩隊人，撥十一隻船，其採捕規模可想而知。

乾隆在位十九年時，在其《採珠行》詩中，寫出了包括舒蘭在內的採珠牲丁的艱苦勞作：「我來各欲獻其技，水寒凍肌非所論。賜酒向火令一試，精神踴躍超常倫。秋江川湄澄見底，方諸月映光生新。威呼蕩槳向深處，長繩投石牽船唇。入水取蚌載以至，剖劃片片光如銀。三色七彩亦時有，百難獲一稱奇珍。命罷旋教行賞賚，不覺安識真艱辛。世僕執役非疍戶，元積何關豐海神。」每當仲秋入河，在寒冷凍肌的水裡，掏摸蛤蚌，有時頭頂一輪明月，把小舟蕩到水深之處，「十人或八人為一排，腰繫繩索」，「蛤插立沙內如排牆，採者依次拾取」，採百蚌難獲一奇珍。乾隆皇帝如此能體察到採捕東珠牲丁的艱苦，而發出「不覺安識真艱辛」的感嘆，真乃一代明君難能可貴之處。

　　清末安徽人孫茂寬先生在《關東搜異錄》一書中，也介紹了珠軒採珠方法：「每年夏日，採珠人至，以堅木長桿拄入水中。其人緣桿而下，如能先將（水底蛤）城中之大蛤蚌獲住，其他群蛤皆伏不敢動，可以盡數獲得。至岸，將蛤蚌剖開，由殼中取珠。」也有「以熱水略灸其殼，去肉取珠」之法。

　　打牲烏拉總管衙門和吉林將軍把東珠按重量分為五等。《吉林通志》介紹東珠，「勻圓瑩白，大可半寸，小者亦如菽顆。」舒蘭的東珠，遠勝嶺南北海產珠。目前我們無法查考舒蘭境內採捕東珠每年要交多少顆。查《打牲烏拉志典全書》，上三旗每年每珠軒定列應交東珠十六顆，如不能按時交東珠，清廷要對相關官吏、牲丁進行處罰。康熙三十九年（1700 年）二月，管轄舒蘭的打牲烏拉衙門總管穆克登捕打東珠數過千顆，捕獲東珠二一八○顆，晉一級，並賞三品頂戴。乾隆五十四年（1789 年）十二月十三日，舒蘭、吉林等處上三旗缺二九四顆東珠，將該總管翼領、驍騎校等人降二級，罰俸五個月。道光七年（1827 年）二月二十二日，將缺少東珠一顆者之牲丁鞭責一十。牲丁等每多得東珠一顆，例賞毛青布二匹。

　　「地靈多瑰產，水德圓正流」。舒蘭境內河流所產的東珠連同吉林省江河巨流所產之東珠，清皇室可用其「製珠冠，嵌玉器」，「以多少分等秩，昭寶貴」，而走進了紫禁城，成為皇帝后妃和王公貴族官服上的飾物。

貢米之鄉

舒蘭自古就被清朝皇室定為「皇封貢地」，清史有「宮廷之御米多產自舒蘭」的記載，有詩曰：「碧水藍天蘊珠玉，溢芳沁馨舒蘭米。」

舒蘭這個名字最早是一個驛站，在今舒蘭市溪河鎮北一點五公里，驛站的設立在清康熙年間，和採貢的開始幾乎在同一時期。清王朝為了保護大東北的「龍興之地」，防止該地被漢化，也是從提供軍事演習場所和圈定打獵圍場之目的出發，先後修築了兩條柳條邊牆，舒蘭大部處於「新邊」邊里，從此舒蘭成為清王朝皇封的風水寶地。從清嘉慶年間開始，朝廷將舒蘭境域等地劃為禁區，特設打牲烏拉總管衙門，專為皇室採捕人參、東珠、蜂蜜、松子、鱘鰉魚等土特產品。舒蘭境內的鰉魚、東珠、人參等貢品就是通過這條驛路一站一站地傳送到京城的。

舒蘭市平安鎮為當時貢米主產區，地處長白山餘脈，張廣才嶺向松嫩平原過渡地帶，與水稻之鄉黑龍江五常市接壤。舒蘭屬北溫帶大陸性季風氣候，季節變化明顯，雨熱同季，光照充分，晝夜溫差大，糧食作物一年一熟；土質肥沃，適合優質綠色稻穀種植。受產區獨特的地理、氣候等因素影響，乾物質積累多，直鏈澱粉含量適中，支鏈澱粉含量較高。由於水稻成熟期產區晝夜溫差大，大米中可速溶的雙鏈糖積累較多，對人體健康非常有宜。舒蘭大米與天津小站稻一起素有「貢米」之稱，距今已有一六〇年的歷史。

新中國成立以來，昔日的「皇封貢地」「果實」故里成為今日名優稻米之鄉，舒蘭貢米被確認為中國粳米地理標識。

自一九二四年起種舒蘭植水稻地區逐步由山區發展到平原地區。一九二九年全縣已有水田 1417 畝，一九三五年全縣種水稻 19260 畝，總產 3582 噸，東北淪陷時期，呼蘭河、細鱗河、拉林河兩岸成為日本開拓團種植水稻地帶。一九四九年統計，全縣水田面積 87435 畝，產量 18371 噸。中華人民共和國成立

以後，從一九五三年開始大力興修水利工程，水稻種植面積不斷增加，一九八四年，舒蘭縣被吉林省政府列為全省六個水稻生產基地縣之一，水稻產量位居全省第二位。一九八五年全縣種植水稻 393661 畝，占糧豆播種面積的 32.9%，產水稻 145571 噸，占全縣糧豆總產的 47.53%；水稻產值 6521 萬元，為糧豆總產值的 59.2%。到二〇〇六年實現水稻產量四十萬噸。

從二十世紀八〇年代起，舒蘭實現稻穀年產量四十萬噸，年加工大米近三十萬噸，跨進了全省水稻生產和大米加工的先進行列。舒蘭市是國務院確定的重點商品糧生產基地縣（市）之一，被國家確定為綠色食品生活基地，有機食品生產通過美國和歐盟（ECOCERT）國際有機生態農業認證中心認證，被確定為有機食品生產基地。一九九六年「豐珠牌」舒蘭貢米被認定為中國名牌產品。二〇〇二年以來，已注冊的「豐珠牌」舒蘭貢米、「淞晶牌」「雨澤牌」大米榮獲國家糧食行業協會大米博覽會「放心米」榮譽稱號，國家糧食局局長聶振邦為「舒蘭大米」頒獎，國家糧食行業協會白美卿會長品嘗舒蘭米飯贊不絕口；二〇一〇年中國長春農業博覽會上舒蘭大米榮獲名牌產品稱號。

▲ 水稻產區沃野千里

旗地名 —— 八旗軍的遺跡

好多人都認為大白旗屯、小白旗屯是因滿族居住而得名，其實它是源於八旗軍駐軍而得名。大白旗屯、小白旗屯地名中的大白旗、小白旗均指的是清軍旗號。清朝的軍隊主要有八旗兵、綠營兵兩種。八旗兵是源於八旗制度，八旗制度是努爾哈赤在統一女真各部落的過程中創立的，由於他統治的地區地域遼闊，人口稀少，開始只是先建立四旗，以黃、白、紅、藍四種顏色作旗幟，稱為黃旗、白旗、紅旗、藍旗。這四旗是兵民合一的組織，既是軍事組織，又是行政組織和生產組織。旗員既是兵，又是民，平時耕獵為民，戰時則披甲當兵，從而達到了以旗統兵又以旗統人的目的。一六一五年努爾哈赤在原有四旗外又增設四旗，共為八旗。增設的四旗予以鑲邊，將黃、白、藍旗幟鑲上紅邊，紅色旗幟鑲上白邊：稱為鑲黃旗（俗寫廂黃旗）、鑲白旗（廂白旗）、鑲藍旗（廂藍旗）、鑲紅旗（廂紅旗）。原有不鑲邊的四旗稱為整黃旗（就是整幅的黃旗，俗稱正黃旗）、整白旗（正白旗）、整藍旗（正藍旗）、整紅旗（正紅旗）。制度上也發生了變化，由兵民合一走向兵民分離，兵是兵，民是民，各有其職，這才成為了名副其實的八旗兵。清朝定都北京後，八旗兵除駐防北京以外，還分駐各地，在全國各重鎮和軍事要地，需要大量的部隊。由於滿族人口有限，各旗之兵單靠滿族自己人是難以完成如此重的防務，因此八旗軍各旗之兵都有蒙古人和漢人合以為營，各個駐防部隊以上面提到八種旗號來區分，旗號也就是今天我們部隊所用的番號。

康熙十五年（1676 年），為了防禦沙俄侵略者沿松花江入侵腹地，康熙將寧古塔（今黑龍江寧安市）將軍衙門移駐吉林烏拉（現吉林市）。這個依山傍水的吉林城就成為清王朝設在「邊外」的一個政務要地，同時也是抗擊沙俄沿黑龍江、松花江流域入侵的水軍後方基地。距吉林城松花江下游水、陸路均不到一百公里的大白旗屯，就成為吉林城抗擊沙俄入侵的前哨。既然是前哨，大

白旗成為兵家必爭的戰略要地。說其是戰略要地，與大白旗屯自身地理環境是分不開的：它處於吉林城至伯都訥驛道旁，居於松花江兩支流交匯處，東依不足四公里的小孤家村東山。如遇沙俄侵略者來犯，大白旗駐軍水路出擊（木戰船）到松花江僅用幾十分鐘，陸戰可退至小孤家村東山而後擊敵，同時由驛站火速向吉林水軍後方基地報告，以便吉林水軍基地做好準備出擊迎敵。因此，當年的大白旗屯就駐防以白旗為號的白旗軍。而距大白旗不足四公里的小白旗屯，因距松花江不足百米，地勢較高，江邊樹木茂密，便於監視江面的敵軍動向，故駐防在大白旗屯的白旗軍派出小部隊在小白旗屯設崗哨（當時人們稱為哨口）常年值勤，一旦發現敵情，從陸路及時向大白旗屯的白旗軍報告。為便於兩地駐軍區分，便有大白旗部隊和小白旗部隊之分。與大、小白旗屯隔江相望的九台市其塔木鎮，有一自然村名為大紅旗屯，距松花江不足五公里，距其支流僅百餘米；在松花江與其支流之間，與大紅旗屯隔支流相望有一小自然村名為小紅旗屯，距小紅旗屯北兩公里，松花江主流與支流匯合處有一自然村名為藍旗屯。在方圓不到五十平方公里的地域內，有五個帶有旗的地名的自然村，並用三色旗幟命名。這和常規旗地名命名是相違背的，因為開始旗是集行政管理和生產、軍事組織於一身的機構，為了便於管理多個自然村都用一色旗命名的，在《吉林通志》上可以看到旗地名的命名都是同色旗用在成片的自然村，然後用頭、二、三、四……加以區分。這後三個旗地名的自然村和大、小白旗屯都有共同的特點，就是都緊靠松花江主流與支流，具有與大、小白旗等同的軍事意義，必須要有部隊駐防，為了便於區分用上了白、藍、紅三種顏色的旗幟的部隊（也就是派了三支部隊）。小紅旗屯在松花江和其支流之間，其戰略作用與小白旗屯相似，都是在哨位上；而大紅旗屯，所居戰略位置如同大白旗屯，距松花江有一定距離，但緊靠其支流，在其支流可北上，又可南下，十分便於出擊與撤退；藍旗屯所處的戰略位置是支流的咽喉部位，又緊靠松花江，出擊、阻擊均可，並和大紅旗、小紅旗屯形成三角之勢，可以互動互補。若沙俄從下游進犯必先經藍旗屯處，之後才是大紅旗屯和大白旗屯。當時沙俄

入侵勢必駕大船，因航行遠，人員補給量大，船小是無法遠征的。而清軍避優擊劣，俄軍因船大離不開松花江主航道，勢將時時遇襲。（事實上沙俄水軍並未到此）大紅旗屯、小紅旗屯、藍旗屯也因駐軍的旗號而得名。經實地調查，以上三個屯滿族居民甚少，由此也可以證明帶有「旗」的地名並非緣於旗人的居住，恰恰是駐軍的旗號所致。在小紅旗屯南不足五公里處，有一自然屯，居住的大部分為滿族居民，村名也是滿語「哈瑪屯」，才真正是因滿人居住而得名。

清朝初、中期，陸路交通是很不發達的，從吉林到齊齊哈爾只有唯一的一條驛道，夏季雨水多的時候道路難行。在松花江沒封凍期間，大部分的交通運輸都要靠松花江水路來完成。根據《永吉縣志》所述：「松花江的兩岸樹高林密，河汊支流水深，江灘遍布，便於江匪隱藏；每到松花江有船舶運輸之時就有江匪搶劫過往商船，對過往船隻上的人們生命和財產構成了極大的威脅，因此沿江兩岸有部隊駐防，來保護過往的運輸船舶，圍剿打擊江匪。」以上這五個沿松花江兩岸所駐防的部隊，在與俄國戰事不緊之時，他們的重要任務就是保護松花江水路的運輸安全暢通。清朝後期俄國侵略了我國的大片疆土，侵略者的野心得到了滿足；陸路的交通相對也發達了，所以以上五個自然村駐防的部隊也是多此一舉了。駐防的部隊撤走了，由此而得的地名卻與世長存。

▌舒蘭的私塾教堂

　　舒蘭的私塾教堂用來開辦私塾教育，是從清朝末期到二十世紀四〇年代初，後日本帝國主義強制推行奴化教育被迫停辦，私塾教堂伴著私塾教育走過了半個多世紀的路程。

　　舒蘭私塾教育創立在清朝末期，當時的清朝政府內憂外患，根本無心管教育，私塾教育的開辦所需的人、財、物全是靠民間自發組織。受當時的農村經濟條件限制，一九一一年清朝政府倒台，舒蘭僅有五十多所私塾教堂。富貴之家開辦的私塾，聘師在家教讀子弟，稱坐館或家塾。因為舒蘭富貴之家不多，所以這樣的私塾舒蘭很少存在。地方（村）、宗族捐助錢財、學田，聘師設塾以教貧寒子弟，稱村塾、族塾（宗塾）。人們稱村塾為學堂，所聘教師稱為先生。舒蘭開辦這類私塾的比較多，稱不上富貴的有錢人家自己還聘不起教書先生，村裡同樣的有錢人家湊到一起聯合開辦私塾，除自己家的孩子讀書外，貧寒人家可以少拿錢或者供先生吃飯，孩子就可以到私塾讀書；還有就是由有錢的捐助錢財，然後買土地，也有的村裡統一組織開荒獲取土地，買來的土地或開荒的土地的收入都用於村塾，這樣的田地稱為學田地。村塾教堂多設在村上

▲ 私塾教堂

▲ 私塾先生

的大廟裡，在舒蘭的西部較大的村都有廟，且廟和教室兩用為多，獨立建學校的極少。當然也有用個人家較大房子做教堂的，就是「南北大炕，書桌擺上」，這多是在私塾開辦的初期，後期學堂多數是廟塾並用了。

私塾課堂上所學的是我國古代通行的蒙養教本《三字經》《百家姓》《千家詩》《千字文》以及《弟子規》《教兒經》《童蒙須知》；學完這些基礎課以後，就要系統地學習《四書》——《論語》《孟子》《大學》和《中庸》和《五經》——《詩經》《尚書》《禮記》《周易》和《春秋》等。

私塾教育沒有寒暑假，全年只有清明、端午、中秋、孔聖人生日各放一天假。每年十二月初十前後放年假，至次年正月十五開館，所以素有「先生不吃十二月的飯」的諺語。

私塾的教學時數，一般因人因時而靈活掌握，可分為兩類：「短學」與「長學」。辦「短學」與「長學」取決於村裡的經濟條件。所謂的「短學」班，就是上課時間一般是一至三個月不等，家長對這種私塾要求不高，只求學生日後能識些字、能記賬、能寫對聯即可。由於經濟條件所限，在舒蘭「長學」私塾並不是很多。在舒蘭的本土教師和其他行業中那些識文斷字的人，大多數都是舒蘭私塾教育培養出來的，特別是當時農村集體生產的管理者也大都是在私塾裡讀過書的人，可以說舒蘭私塾教育，為當時舒蘭各項事業的發展做出了不可磨滅的貢獻。

生態旅遊勝地亮甲山

　　亮甲山坐落在舒蘭市西北部亮甲山、天德、蓮花三鄉交界處，與榆樹、九台、吉林、德惠市毗鄰。距舒九公路二公里，距舒蘭市四十公里。東峰高三八二米，西峰亮甲台高三五三米，周圍是連綿不斷的十幾座山峰，懸崖羅列、怪石嵯峨、巍然聳立、雄偉壯觀。

　　山的南麓是風景秀麗的亮甲山大型水庫，總庫容量四億立方米，正常水面為二十多平方公里，是吉林省十大水庫之一。

　　亮甲山生態旅遊風景區暨舒蘭市青少年教育活動基地，是集森林公園、生態觀光旅遊、娛樂、度假、愛國主義教育為一體的大型生態旅遊風景區。亮甲山地處東經 126°25´45″，北緯 43°57´至 44°37´之間，屬大陸性季風

▲ 亮甲山風景區

▲ 仰岳亭

▲ 亮甲山風景區

▲ 亮甲山風景區

氣候，四季分明，冬季嚴寒多雪，夏季溫暖多雨，春季短暫多晴日，為「四季遊」項目奠定了自然基礎。

亮甲山鄉因駐地前亮甲山屯得名。亮甲山，滿語地名，係滿語發音「寧甲啦」的音譯，意為蒺藜，指該地山石裸露。又譯「卡薩裡」。一九一二年至一

九三一年為舒蘭二區白旗保亮甲山甲；日本侵占時期歸白旗村；一九四五年抗戰勝利後歸舒蘭。

亮甲山人文景觀十分豐富：相傳北宋名將岳飛將軍北伐追擊金兵於此，經歷一場苦戰後大獲全勝！趁兵馬休整之際，岳飛登至山頂，舉目眺望，報國之心，大勝之悅，岳飛為山驪的美麗景色所傾倒，命兵馬紮營駐寨，將自己浸濕的盔甲晾於山頂，自己則立於山巔久久不肯離去。（事實上，宋國的軍隊從來沒能越過北京的燕山一線，岳飛也沒有到過東北。金宋大戰，岳飛往北最多打到朱仙鎮而已）。另有一種說法，在亮甲山亮甲的不是岳飛而是薛禮，在東北地區早就流傳著廣為人知的薛禮征東的故事，這絕非傳說而是史實。據已故史地專家李建才先生考證，薛禮親率一支輕騎攻下扶余城，即今龍潭山山城，也就是說薛禮的足跡到達吉林地面。後來陸續出版的《吉林古代史》等書，都採用此觀點。

▲ 亮甲山水庫

▲ 亮甲山水庫遊船

　　亮甲山生態旅遊風景區地域遼闊，景色多樣，由亮甲山山脈及亮甲山水庫組成。亮甲山風景區內共有大小山峰十餘座，其中主峰海拔三八五米，各山峰間錯落有致。這裡不僅風景絕佳，而且動植物資源豐富，生物群落繁茂。其山川秀麗，林巒隱蔚，呈現出一派秀美的森林風光。亮甲山水庫水域寬闊，水域煙波浩渺，湖水清澈，碧綠如茵。水中有鯽魚、鯰魚、大草蝦、河蚌等天然野生魚類，還有草魚、鯉魚、鰱魚等人工養殖魚類數種。水庫大壩宏偉壯觀，水庫三面群山環抱，峰巒蜿蜒起伏，碧水青山，波光巒影，構成一幅秀麗的山水圖畫，徜徉其間，令人心醉神迷！亮甲山水庫大堤將豬山和關馬山連接起來，兩山頂峰的「仰岳亭」和「觀山寺」遙相呼應。晾甲台下有深不可測的「狐仙洞」「哈嗒石」。二〇〇六年以來，舒蘭成立亮甲山旅遊開發公司，開發聖水禪寺、聖水觀音、聖水山莊宗教文化旅遊項目。

　　亮甲山是一處山清水秀、得天獨厚的旅遊風景名勝區，給遊人留下美好的印象，年接待遊客十二萬人次，二〇〇四年九月被評定為國家水利風景區和國家 AA 級旅遊風景區。

▲ 亮甲山岳飛像

大美鳳凰山

鳳凰山是東北歷史名山，位於舒蘭市溪河鎮唐屯村，距二○二國道二公里，距溪河鎮政府四公里，距舒蘭市城區六十公里，距吉林市六十五公里，海拔三六五米，總占地面積八八○公頃。鳳凰山東面是連綿不斷的峰巒，西面是廣闊無垠的大地，山上蒼松翠柏掩映著金碧輝煌的廟宇，山下美麗的松花江像一條玉帶蜿蜒流過。鳳凰山是附近的群山之首，山勢巍峨險峻，猶如一條巨龍昂頭揚起，宛如美麗的鳳凰展翅。

萬佛寺是坐落在鳳凰山的宏大寺廟群。建有東北最大的大雄寶殿，長二十

▲ 鳳凰山俯瞰景致

六米，寬、高均十三米，大殿金碧輝煌，佛像栩栩如生。天王殿、鐘鼓樓、三聖殿、羅漢堂、藏金樓、齋房、六靈塔、展廳等形成完整的宏大廟宇群。

鳳凰山還有海雲洞、三仙洞、枯井、鳳爪石、小石林、地冥府、八仙望江、朝鳳亭、雲煙亭、龍鳳亭、聖水亭等傳奇景觀，形成迷離虛幻，神奇斑斕的格局。

鳳凰山得名於唐代，據舒蘭縣志考證，「唐代名將薛禮征東，兵抵奉天蓋平鳳凰城，士兵入地穴，見其窩取其蛋，驚飛鳳凰，飛至此山見有梧桐樹，便棲於樹下石頭上，至今有爪印為證」。一時間名聲大噪，成為東北地區的歷史名山之一。

鳳凰山寺廟始建於清康熙二十一年（1682 年），始於道家名「朝陽宮」，

武當山、山東蓬萊派道教的第三代傳人王智福於康熙帝到北京「白雲觀」朝拜時結緣，在來吉林小白山望祭祖先時隨康熙帝來關東傳教，並隨皇帝順江至松花江東岸大虞村。王智福在雲遊時，見江東突兀而起，蜿蜒而下，松花江像一條巨龍奔騰向北而去。西北兩面平原沃野，蒲塘水潭環抱，孤峰龍頭昂起，山勢巍峨險峻，古木參天，祥雲繚繞。蘊泰山之秀美，黃山之俊巧，黑龍潭、月牙泡碧水映襯，又有梁山雄姿，造就了獨特的山水自然景觀，登極四顧，重巒疊翠，南可見龍潭山，玄天嶺之巔。此山古樹翁郁成蔭，自然環境幽雅，是傳道授徒的聖地。王智福觀其山見其水，決意留下並在西山腰平緩處搭結草棚，只身住下潛心修行，沿用武當山蓬萊派道教四十個字作為開山元始。時經數年，當地人稱塔草棚的地方為鳳凰山的「西茅庵」。

康熙二十四年，王智福的第四代弟子馬毓昌秉承師父旨意，在鳳凰山南坡選一處正子午朝向的平緩地帶，動工興建「朝陽宮」廟宇群，歷時近四十二

▲ 鳳凰山俯瞰景致

年，在雍正五年建成了東側山門。山門構造精巧，門楣正中，懸掛一塊長五尺寬二尺高的匾額，黑底金字，上書「朝陽宮」三個楷書字。楷書遒勁有力，這就是廟號。這塊匾額是打牲烏拉侯爺手書。匾額下方門楣上均勻安裝四個木方，每塊木方上鑲著一塊一尺見方，雕刻著「蓬萊聖境」的四個大字，兩側各有對聯。鐘鼓樓鰲山，呂祖殿西客廳，老爺殿，第一江山牌坊門，娘娘殿，玉皇閣，大小十二座殿閣牌坊等組成了鳳凰山道觀廟宇群。古廟群建築面積近千平方米，占地面積近六千平方米，廟地近二百公頃。

一六八九年九月二十二日康熙皇帝二下關東幸遊鳳凰山，並在西客廳用膳，從此本客廳改名為「西龍廳」。清光緒六年鳳凰山道觀（1880 年）擴建，光緒十一年御賜關帝聖殿額「同保嚴疆」四個金字，欽封朝陽宮所管鳳凰山方圓四周，以確定這座名山神聖不可侵犯的地位。

鳳凰山在「文革」期間遭到徹底破壞，廟宇被拆散，遣散道士。一九九二

年釋鏡然法師到此山，在當地政府的大力支持下重建，改為佛教，取名萬佛寺，古跡開始恢復，遊人不斷增多，每逢廟會，方圓百裡的鄉鄰紛紛前往，每年農曆四月初八、四月十八、四月二十八這三天，每天都有四五萬人趕廟會，盛況空前。鳳凰山於二〇〇三年三月被列為吉林市十大景區之一，二〇〇四年八月被評定為國家 AA 級旅遊景區。

▲ 鳳凰山秋景

第五章 ————

文化產品

美麗富饒的舒蘭，「果實」豐碩，人傑地靈，名人輩出。它有著悠久的歷史傳統和厚重的文化底蘊，在歷史的發展進程中，創造出了輝煌的文化，有力地促進了民族文化的發展與繁榮。在較長的歷史時段裡，自然而然地衍生出了獨具特色的地域文化產品，它們是社會生活和一方土地精神的縮影。它既具有地域民俗的共性，也有自己的獨特性。其中，舒蘭皮影、舒蘭鼓吹樂、馬氏布偶等被列入吉林省首批非物質文化遺產名錄，馬氏剪紙被列入吉林市首批非物質文化遺產名錄，這些都是舒蘭市歷史文化遺產的瑰寶。

▌舒蘭皮影

　　舒蘭皮影前身是東北驢皮影，或者叫驢皮影。驢皮影是由驢皮製作的影人子。影人子是影窗子上能夠活動的鳥獸、車船、兵器、人物和其他道具的統稱。而影人子又必須是驢皮製作，其他任何材料都代替不了。驢皮經過炮製後相當於窗戶紙薄厚，再經過浸油，又挺括、又結實、又耐久，便於製作、使用、保管、儲藏和隨身攜帶。

　　舒蘭皮影具有鮮明的地域特色和文化格調，主要體現在唱、念、說、學、哼上，由影匠完成，吹、彈、拉、作、打由負責「拿活、打活」的功夫匠完成。在這一點上，舒蘭皮影與關內皮影有所不同，其獨特的表現方式，代表了東北地方文化格調。同時，舒蘭皮影具有戲曲藝術的共性，然而又有別於戲曲。戲曲是演員在舞台上表演；而皮影則是影窗上的影人子表演。戲曲是演員在舞台上說、唱、唸、做、打，而皮影說、唱、唸由影窗子後的影匠來完成；做、打則由負責拿活的影匠操縱影人子在影窗上完成；戲曲演員從出場到劇終演的是固定的一個人物，而皮影的影人子從出場到劇終演的卻不是一個固定的人物，出場的東宮娘娘，隨著劇情的發展，通過影匠的道白，又變成了西宮娘

▲ 舒蘭皮影

娘；影卷子上的唱詞，對觀眾投其所好，可添著唱，扔著唱，有一定的隨意性、靈活性，而皮影沒有戲曲的布景、服裝道具，只有上百個影人子和簡單的幾件樂器裝在箱子裡，拎著就走。

影人子是舒蘭皮影藝術的重要組成部分，是由驢皮刻製的藝術品。製作種類繁多、形式多樣、形神兼備的影人子，須有高超的靈巧構思和精湛的工藝本領。在刻製影人子的過程中，如刻一個武將，先要刻頭部和兩隻胳膊、兩條大腿，再刻身子，然後綮眼兒，穿上線，就成了一個完整的人物。演出時，一拽連線，表現人物的坐臥、走路、打鬥、翻跟頭、逃跑等，十分自如。

▲ 舒蘭皮影

舒蘭皮影的影窗子，是一塊兩米長、兩米寬的白布，裝在木框裡固定。影窗子前邊坐的是看皮影的觀眾，影窗子後面是唱影的影匠和負責打活、拿活的

功夫匠。

演出中有四人、六人、八人不等，一般為四人，分別負責打活、拿活。打活一般為兩個人，每個人都須是多面手，也就是吹、打、彈、拉都得會。在演出時，撂下鼓就打鑼，放下四弦胡琴就得摸起喇叭，必須配合得珠聯璧合。拿活的難度更高，就是拿影人子的。拿活分上線和下線，下線配合上線，手必須拿穩拿准，拉線的遷移頓挫，操縱著影人子的動作，來表演劇本的內容，在燈光照射下，一切富於表現力的技巧栩栩如生地出現在影窗子上，使觀眾欣賞到皮影的特殊情趣。

拿活的影匠還得唱影調，吐字要清楚，嗓音要洪亮，唱得聲要好聽。好的影匠唱的影調，順風二里地都能聽到，藝人王升就有此功夫。

王升唱影的劇目分兩種：一種是按寫出來的劇本唱，這種劇本叫影卷，根據劇情的喜怒哀樂自己配曲子，唱一頁翻一頁，翻過去的一頁用一塊鐵壓上，這塊鐵叫影鍵子。經常下單的劇目有：《豬八戒背媳婦》《紫金鐘》《四平山》《五鋒會》《雙奎傳》《紅沙國》《紫金鎚》《四節山》《十把傳金扇》《金雞吐風火》《大金鞭》《智截生辰綱》《歐陽海之歌》《劉英俊》等等。另一種是現抓事隨機演唱。根據現實生活中身邊發生的事作為題材現編現演，或把一傳倆、倆傳仨的富有傳奇色彩的人和事編成劇目，進行活靈活現地演唱，觀眾看

▲ 舒蘭皮影

後有親切感，樂意接受。有的劇目還保留下來，從一個屯子唱到另一個屯子，甚至從今年唱到明年，觀眾百看不厭。

　　舒蘭皮影文武場樂器有鑼、鼓、鈸、二胡、笛子、四弦胡琴、喇叭等，手工製品包括影人子、影窗子、影卷、影鍵子、影箱子。

　　舒蘭皮影流動範圍廣，主要活動於吉林省的白城、四平、吉林、通化、遼源、榆樹、德惠、懷德、海龍、汪清、敦化、琿春，黑龍江省的五常、密山、虎林、牙克石、佳木斯、富拉爾基、齊齊哈爾、漠河、黑河、七台河、鶴崗、雙鴨山，遼寧省的西豐、新民、阜新、盤錦、海城、錦州、靳州、鞍山、遼陽、鐵嶺等地，演出地點多數以農村為主。

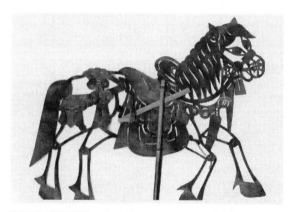

▲ 舒蘭皮影

舒蘭皮影演出活動分為唱廟會、唱山溝、唱屯場，即走村串屯，趕各種場子演唱。

　　唱廟會：主要是每年的四月初八、十八、二十八三天，到廟上求雨。

　　唱山溝：主要是煤礦、金礦、木梆、採石場、漁場、胡子窩、大車店等。

　　唱屯場：多數是孩子滿月、祝壽、婚喪嫁娶以及還願。

　　舒蘭皮影作為民間藝術，已經走過了輝煌的歷史時期，截至二十世紀六〇年代末，被電影和電視劇所取代，觀眾再也見不到往昔皮影戲趣味盎然的身影。然而，皮影曾經帶給人們的文化娛樂生活的享受不應忘記；皮影的歷史、文化、藝術價值和社會價值不應忘記。

　　二〇〇七年，舒蘭皮影作為首批非物質文化遺產進入吉林省文化遺產名錄。

▲ 舒蘭皮影

▌舒蘭鼓吹樂

　　舒蘭鼓吹樂，即《王氏九代祖傳鼓吹樂》，於清乾隆二十一年（1757年）由河北永平府撫寧縣王氏「相」輩（王相如）帶藝逃荒，落腳於吉林府榆樹屯，後遷入舒蘭縣，先後九代從事民間鼓吹樂活動。

　　舒蘭鼓吹樂第八代傳人王景堂曾先後創作出版了《中國民族民間器樂曲》和《吉林地區民族民間器樂曲》等，在他的努力下，舒蘭鼓吹樂得到了很好的繼承和發展。王氏歷代從事演出的活動中，不但注重形式的發展變化，而且在後六、七、八代中對我國古老的《工尺譜》進行了實用性的改革，即創作《橫書古譜》，此項改革的音譜已傳給王氏第十代子孫。《工尺譜》有五百六十多年歷史，它是以音高符號為「工、尺」等字而得名的一種記譜形式，對該曲譜的改革使我國的古譜也能向現代簡譜那樣靈活適用，從而延續了我國古老的音譜的生存期。

　　舒蘭鼓吹樂表現力豐富，生命力旺盛，其原因在於它與民間的風俗禮儀緊密地融為一體，可歸納為民俗活動的普遍性，演出活動中的靈活性、機動性，包容各項演藝中的綜合性，使舒蘭鼓吹樂的王氏樂坊演出活動久盛不衰。舒蘭鼓吹樂重要組成部分在於完整的、系統的、規範的鼓吹樂樂譜，具有十分寶貴的史料價值，為今天的鼓吹樂發展奠定了厚重的基礎。它將古譜與現代曲譜有機結合，形成獨特風格的鼓吹樂技藝。例如用嗩吶可將一曲《東方紅》吹奏出七十個調門，並像海納百川一樣將各民族樂曲及西洋樂曲融會貫通，展現出令人嘆為觀止的絕活。它的文化價值在於兼備高端的藝術性以及滿足社會需求的群眾性。

　　舒蘭鼓吹樂是多元一體化的民間藝術，被王氏鼓吹樂坊廣泛用於民間禮儀風俗之中。他們這種演出班底以舒蘭為活動中心，區域範圍在東北三省。王氏鼓吹樂九代沿襲，既有民間鼓吹樂的共性，又有其他地方風格特點所不具備的

差異性，因此形成了自身的風格流派。舒蘭鼓吹樂在吉林省內廣泛活動在松花江兩岸、榆樹、九台、德惠、蛟河、永吉、吉林等地區，黑龍江省南部以及周邊省、市。舒蘭鼓吹樂在民間禮儀風俗之中的非凡表現，贏得了關東人的一致讚譽和喜愛。

▲ 嗩吶傳承人演奏

舒蘭鼓吹樂早期的形態——民間鼓樂由來已久，早在漢代已形成。鼓樂中的主奏樂器不叫「嗩吶」，而稱「金口角」，元、明時期又稱「唆哪」，清初流入民間又稱「金喇叭」，清末民初才統稱為「喇叭」或「嗩吶」。它最初是以中原（今河北）的「吹打樂」帶入東北，又與東北的民風民俗習慣融為一體，經歷了二六〇年之久，不斷發展形成了東北民間鼓吹樂即舒蘭鼓吹樂。

王氏家族帶來中原的鼓吹藝術，最初只是吹與打，以嗩吶主吹樂曲，以鍋、鑼、鈸、鼓等隨擊之，經王氏的第二、三代後逐漸發展成吹、打、彈、咔、拉、唱等器樂，「十不閒」「蓮花落」「大鼓書」「梆子」「皮簧」以及咔戲（即模擬音樂）等先後進入了鼓吹樂班，從而發展形成了器樂與演唱、打擊樂於一體的綜合演出形式，應用於民間風俗禮儀之中。

舒蘭鼓吹樂的王氏九代藝人，在從藝實踐中所總結出的「鼓吹樂嗩吶演奏技巧」和「四功絕活」，由第八代「景」字輩執筆綜合而成，《嗩吶十二字技巧與四功絕活》現已寫成文字資料珍藏稿，並已傳於後兩代接班人，即「永」字和「嘉」字兩代傳承人。

現年七十二歲高齡的「景」字輩第八代繼承人王景堂將上七代傳承下來的五〇八首鼓吹樂曲牌和近五十年所挖掘採錄的三百首鼓吹樂曲進行整理，對近七百首的民歌小調等進行分類立卷，以備珍藏傳承。舒蘭鼓吹樂的王氏樂坊，不僅具有演奏藝術的多元性和靈活性，而且具有適用性和針對性，各種場合都難不倒他們，保證按照實際需要演奏不同內容。王氏樂坊要求樂手不但具備較高的演奏能力，而且還需有好的演唱技能。他們要求藝人和子女人人要掌握一種「拿手」樂器，還要會多種打擊樂，既能吹奏，又能演唱，並且還要學會周邊和本地區群眾喜聞樂見的各種姐妹藝術，如落子（評戲）、河北梆子、皮影、蓮花落和後來發展起來的二人轉、拉場戲、曲藝等各類段子，同時還要會吹、咔、西皮、二黃、民歌、小調及秧歌曲。

　　舒蘭鼓吹樂是一種民間藝術的表現形式，它與民俗活動共生共存、休戚相關。這種藝術，生命力很強，應日臻完善，發揚光大，紮根於民間這塊沃土，世世代代流傳下去。

▲ 鼓吹樂演奏

▌馬氏剪紙

　　馬氏剪紙在傳統民間剪紙基礎上，經師徒關係代代相傳，不斷演變、深化，形成了獨樹一幟的馬氏剪紙藝術風格。馬氏剪紙第三代傳人馬淑琴，一九九五年九月被聯合國教科文組織授予民間工藝美術家稱號。馬氏剪紙作品分別被中國美術館、天津市藝術博物館、吉林市博物館等收藏。

　　馬氏剪紙以身邊的事物為題材，以表達人們心目中的美好願望、祈求平安和吉祥如意的樣式為主題，多代相傳，已有上百年的歷史，形成了自己家族的獨特風格，可以用八句話來概括：「濃郁生活超凡脫俗，精妙絕倫線塊自如，地域特色呼之欲出，移栽影藝自創妙幅，疊影挪移運作之酷，題材廣袤相映角逐，百計萬物躍然現圖，積多價值堪為頂足。」

　　馬氏剪紙題材廣泛，有流傳久遠的歷史故事，有美妙動人的神話傳說，有催人淚下的愛情故事，有現代生活的真實寫照，還有富貴平安的窗花和動物，但馬氏剪紙擅長的題材是古典仕女人物。

　　在構圖時，馬氏剪紙繼承傳統技法，採用誇張、簡練、裝飾的技巧進行創作，重點突出刻畫人物的表情和眼睛的神韻。線條的運用講求點、線、面的韻味，做到工而不膩，纖而不繁，虛實對比強烈，層次豐富而活躍，在視覺形象上給人一種有秩序、有條理、有節奏、有韻味的美感。

　　剪紙藏書票是馬氏剪紙的又一特色類別，設計獨特，構思巧妙，是愛書人的一種藏書標記，貼在書的扉頁上，代替藏書印章，比圖案更形象、更耐看。

　　如剪紙藏書票《八仙圖》《群猴祝壽》，用傳統花朵和打毛紋樣裝飾及變形誇張的畫面表現，既充實又飽滿，即古老又神奇，有強烈的感染力和裝飾效果。

　　馬氏剪紙相關器具及製品有：

　　剪刀，剪紙時需用一把中等剪刀和一把小剪刀，前者用來剪外輪廓和較大

的線條，後者用來剪纖細的線條和細小部分。

刻刀，剪紙的刻刀主要有斜尖、正尖、錐尖、圓口刀四種形狀。刻刀自己動手做，用起來得心應手，可用小鋸條磨成所需要的形狀，將竹筷或木棍下端正中剖開將刀片插入，用線繩纏牢即可。

紙，剪紙可供選擇的紙種類很多，多根據剪紙的不同種類來運用。普通的大紅紙用來剪窗花、喜花、牆花等，蠟光紙用來剪較大幅的人物剪紙。

蠟盤，蠟盤使用得越久越好用，當用到表面不平整時，可在火上烘軟後捊平或重新融化，即可光滑如新。

磨石，是用來磨刻刀的，應備有一粗一細兩塊，去厚用粗磨石，出鋒用細磨石。

鑷子，可用來揭離剪紙之用。

毛筆，用做點、染色彩。

訂書機：用來固定紙張。

▲ 馬氏剪紙

▲ 馬氏剪紙

馬氏剪紙的基本特徵是：

獨樹一幟。在風格上有家族特色和鮮明的個性，作品以人物造型清秀精美，人物形象生動傳神而著稱，受到國內外業界人士的讚賞和好評。

繼承創新，另闢蹊徑。用民間剪紙獨特的語言和技巧，進行大膽的誇張、變形、裝飾，創作出《觀音菩薩》《敦煌壁畫飛天》《唐朝歌舞》等有民族特色和個人特點的精品來，美化人們的生活，陶冶人們的情操。

發揚剪紙藝術的本原精神，標新立異，用傳統剪紙的獨特形式，創作出有收藏價值的剪紙藏書票，如《八仙圖》《群猴祝壽》《鬧元宵》等，受到愛書人和收藏家們的喜愛。

獨具匠心，在題材和表現形式上有新意。創作出吉祥如意、富貴平安的百圖系列，如《敦煌飛天百神圖》《唐朝歌舞百樂圖》《百虎圖》《百龍圖》《百鳳圖》《百雞圖》《百鶴圖》《百蝶圖》等。

馬氏布偶

　　馬氏布偶屬於母系傳承，是流傳於東北民間古老技藝的一種。近年來馬氏布偶第三代傳人馬淑琴不斷繼承創新，不僅將布偶作品絕活達到新的高度，而且還練就了一手非凡的刺繡絕活。

　　布偶藝術是根據各種民間傳說而沿襲下來的，它種類較多，如：布雞、布豬、布牛、布馬、布羊、布貓、布狗、布鼠、布豹、布老虎、布獅子等等，但主要是布製老虎的寓意較多較受歡迎，民俗習慣上多用於鎮宅、驅邪、避凶、消災、除禍、化難、趨吉、呈祥、招財等等。

　　在新郎新娘結婚的當日，民間舊風俗都要在新房裡放上幾件象徵吉祥、合婚、美滿的布偶藝術作品，代表性的有以下幾種：

　　鴛鴦枕，也叫交配枕，是兩端虎頭一個身子，上繡公雞和石榴或吉祥圖案，寓意男女合歡，情濃意切，白頭偕老，永不分離。

　　避邪虎，布製紅底黑紋之虎，放在結婚新房炕沿上，寓意驅災避邪。

　　保財虎，也叫招財虎，布製黃底黑紋之虎，放在結婚新房櫃前面，寓意發財保財。

▲ 避邪虎

▲ 保財虎

▲ 艾虎

▲ 馬氏布偶

艾虎，布製紅底黃白黑花紋之虎，放在新郎新娘腳底下，寓意順利繁衍後人，健壯平安。

馬氏布偶造型多樣，與民間習俗禮儀密切相連，大到布老虎、虎頭帽、虎枕、香包、針紮等，件件構思別致，造型誇張，神韻十足。

在創作風格上，採取擬人化手法，追求神似，不求像，貴在似與不似之間。一塊彩布，經過裁、縫製、刺繡，再縫上一個大大的「王」字，一個表情豐富、活靈活現的布老虎就誕生了。

馬氏布偶藝術製作必備的工具有：

各種布料，縫製虎身，需用各種各樣的布料，如以紅、黃、黑色布料為主，還需各種顏色的花布等。

棉花，虎身縫製好後，內塞棉花，也可用蕎麥皮、穀糠等。

線，縫製布老虎和虎身上裝飾的各種圖案，還有繡製的花樣，需有各種不同種類、不同規格和不同顏色的線。

剪子、刻刀、刺繡針、撐子、熨斗、圓規、毛筆、布尺、量角器等。

還需要各式各樣的花布來裝飾布老虎。

馬淑琴布偶作品的藝術特點如下：

一是平面與立體或半立體與民間習俗禮儀密切相連，件件構思別致、形態豐鑠、韻味十足。

▲ 馬氏布偶

　　二是追求神似，不求像，貴在似與不似之間。馬氏布偶這種神似創作，突破了傳統的局限性，使布偶達到了一定的藝術境界。

　　三是擬人化手法處理。馬氏布偶走出了一條自創之路，用擬人的表現手法、誇張性的表述，極大地豐富了布偶作品的神韻。

　　四是運用中國傳統五行色系。馬氏布偶五行色彩運用恰到好處，濃淡相宜，比例準確。

　　五是圖案化。馬氏布偶採用精巧的圖案，通過細密精巧構思，將圖案附於作品上，從而實現布偶作品的規範化。

　　六是手工刺繡。馬氏布偶作品手工刺繡是整套工序中不可或缺的絕活，只有高水平的刺繡，才能呈現布偶作品的優雅風姿。

　　馬氏布偶的價值具有藝術性、娛樂性和觀賞性，布藝造詣頗深，廣受青睞。一九九五年，馬淑琴被聯合國教科文組織命名為民間工藝美術家，她的布偶作品流傳於中國以外的十三個國家，在國內三十多個大城市流傳和使用。二〇〇七年「馬氏布偶」進入吉林省首批非物質文化遺產名錄。

　　「馬氏布偶」是舒蘭民間民俗文化園地一朵靚麗的奇葩，它產生於民間，來源於生活，植根於黑土地，被大眾所喜歡，必將煥發出新的生命力。

手玉子和沙拉雞

　　手玉子、沙拉雞是東北傳統二人轉手技表演工具，民間表演藝人邊說唱邊舞動的手持工具，這種別具一格的二人轉表演形式在東北農村廣為流傳。

　　手玉子、沙拉雞發源於舒蘭，流傳於東北三省鄉村各地，在這裡接受過培訓的學員還將此絕活推廣到南方外省鄉村。

　　手玉子、沙拉雞從產生至逐步完善，有近二百年的歷史。清末年間，最初乞丐用來做討要時說唱伴唱的工具是豬骨頭哈拉巴，在乞丐手裡兩塊哈拉巴有節奏地碰撞，發出清脆悅耳的聲音，很能吸引別人的注意力。後來豬骨頭哈拉巴被改為竹製手玉子、沙拉雞，其作用遠遠超出了豬骨頭哈拉巴碰撞所發出的樂音。手玉子、沙拉雞既可單用又可合用，其音色旋律節奏非同一般樂件，讓人感覺既新鮮又古老。

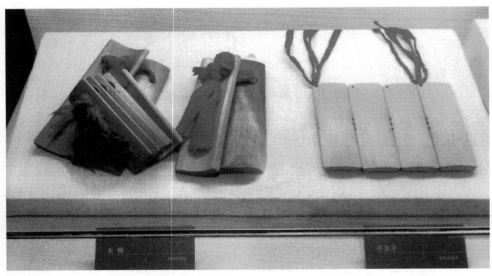

▲ 手玉子

手玉子、沙拉雞這類手持演出工具是用竹板做的，簡便易用，攜帶方便，在舞台演出中運用自如，是快捷、響亮、提精神、節奏感強的特殊演出用具。適度運用這樣的絕活包裝演員，可大大增強演員的演出效果和轟動效應，吸引觀眾注意力和激發情緒，也可以做道具用。演員演老生、老旦戲時，可以將沙拉雞當拐杖用；有小孩戲時，可以當小孩棍棒用；有武打戲時也可以當刀槍、箭、棍用；有騎馬戲時可以當馬騎，很方便。

手玉子由四塊獨立的竹板構成，長度均為十釐米，寬度均為三釐米，演奏時竹板互相撞擊，發出清脆悅耳的樂音。沙拉雞是竹製表演工具，形態特別，狀如現代鋼鋸，長四十釐米，寬二點五釐米，厚一釐米，兩側各有二十九個鋸齒狀牙，正端為錐形。沙拉雞由兩塊竹板連接而成，底板為一寶劍形，長約三十釐米，寬約二釐米，在劍柄與劍身結合處上端用折針固定另一活動竹板，長約二十釐米，寬約二釐米。尾端翹起。竹板上固定間距在六釐米左右的兩個螺絲，分別綴著三塊薄鐵片。沙拉雞在使用功能上，突出表現為音色寬柔委婉、純厚甜潤，即如風捲黃沙吹打窗櫺，沙沙作響，此起彼伏，又如雞啄米般節奏快速，讓人陶醉，愉悅興奮。沙拉雞在製作上比較困難，如果不是行家裡手，很難製作出這種讓人刮目相看的演藝手持工具。

手玉子、沙拉雞可以清唱用，也可以用樂器伴奏演唱，有的演員是邊唱邊奏，也可多名樂手用樂器合奏。

用於伴奏的樂器有：

嗩吶、二胡、板胡、小號、電子琴、三弦等。

沙拉雞可用於數板打蓮花落用，或上牌子打喜歌用。

手玉子、沙拉雞的基本特徵是：

它們是融合民間樂器於一體的演奏器具，既可用於演員表演，又可用於樂隊伴奏合奏。

它們來自於民間，演出於民間，紮根於民間，服務於民間。這種在實踐中誕生、在實踐中完善的表演工具，具有很好的欣賞性。

它們具有廣泛的適用性，不僅在東北廣為利用，而且已流傳到關內；不僅地方戲在用，其他劇種也在用。

它們具有表演的靈活性、多重性，在一般禮儀活動中可以使用，在獨唱、合唱、對唱、坐唱中也可以使用，喜調悲調中還可以使用。

手玉子、沙拉雞主要價值如下：

它們屬於珍貴的民間藝術，植根於民間，富有地方特色和民族特色，深受觀眾歡迎和喜愛。

它們是東北二人轉藝術的表現形式，有利於促進文化繁榮，社會進步。

使用手玉子、沙拉雞，活動手指、鍛煉大腦，有助於身心健康。

▲ 手玉子、沙拉雞

▌舒蘭大秧歌

　　清朝以來，東北地區吉林境內的秧歌十分普遍和活躍，是廣大人民用以慶賀豐收、歡度佳節的主要歌舞形式。《柳邊紀略》卷四記載：「上元夜，好事者輒扮秧歌。秧歌者，以童子扮三四婦女，又三四人扮參軍，各持尺許兩圓木，戛擊相對舞，而扮一持傘燈賣膏藥者作前導，傍以鑼鼓和之，舞畢乃歌，歌畢更舞，達旦乃已。」足見秧歌盛況之一斑。

　　傳入東北地區的秧歌，在東北地區民族民間音樂、歌舞的影響下，在東北各民族人民美學觀念的制約下，逐漸地方化，形成具有濃郁地方特色和民族特色的有別於關內秧歌的東北大秧歌。而且一旦形成，便具有了頑強的生命力，招人喜愛，經久不衰。「夜半村姑著綺羅，嘈嘈社鼓唱秧歌」，很具有人民性，深深紮根於群眾之中。

　　解放前，每逢春節來臨，各村屯的好事者便張羅扭秧歌，一直扭到正月十五。解放後，人民政府在春節前後組織群眾扭秧歌，歡慶解放和勝利。遇有值得慶祝的重要時日，比如歡慶黨的十一屆三中全會勝利閉幕等，都要組織秧歌隊，人民群眾沉浸在歡樂、祥和、喜悅的氛圍之中。

　　二十世紀八〇年代後，扭秧歌成了經常性的活動。在縣城，每天晚飯後，都有數以百計的老年人、青年男女，在街路邊扭秧歌，鑼鼓喧天，彩扇抖動，翩翩起舞，既陶冶情趣，又利於健身。近年來，舒蘭大秧歌已經改進步式，花樣翻新，形成格局。從一九八四年開始，每年正月十五，縣政府還組織秧歌比賽。各單位、各鄉鎮的秧歌隊，聚集縣城，使出渾身解數，有鑼鼓、嗩吶伴奏，秧歌隊中還伴有「旱船」「騎驢」「高蹺」「耍獅子」等形式，使縣城通衢大道頓時水洩不通，秧歌一隊跟一隊地扭，兩旁觀眾達幾萬人。

　　東北大秧歌的形成、發展和普及，為東北民間地方小戲──「二人轉」的誕生創造了條件。

▲ 社區秧歌隊扭秧歌

▲ 舒蘭大秧歌

東北大鼓

　　東北大鼓是流行於中國東北地區的漢族曲藝鼓書暨鼓曲形式，為國家級非物質文化遺產之一。

　　東北大鼓的起源有二說：一說清乾隆年間北京弦子書藝人黃輔臣來瀋陽獻藝，吸收當地民歌小調演變而成；二說清道光、咸豐年間遼西「屯大鼓」藝人進城獻藝，發展為奉天大鼓。東北大鼓的唱腔是在弦子書、子弟書的基礎上，吸收借鑑樂亭大鼓、京韻大鼓及「二人轉」逐漸形成的。

　　東北大鼓表演形式大多為演員一人自擊鼓、板，配以一至數人的樂隊伴奏演唱。主要伴奏樂器為三弦，另有四胡、琵琶、揚琴等。演員自擊的鼓，也稱書鼓，其形狀為扁圓形，兩面蒙皮，置於鼓架上，以鼓箭（竹製）敲擊。板有兩種，一種由兩塊木板組成（多以檀木製成）：一種由兩塊半月形的銅片或鋼片組成，俗稱「鴛鴦板」。東北大鼓的音樂結構屬板腔體，唱詞的基本形式為七字句的上下句式。唱腔板式有大口慢板、小口慢板、二六板、快板、散板等。除此之外，還有悲調、西城調、怯口調等小調為它的輔助唱腔。

　　東北大鼓早期主要在鄉村流行，民間俗稱「屯大鼓」。演唱的曲調是當地人們熟悉的土腔土調，唱詞也不甚講究。許多藝人在演出中甚至當眾翻看唱本，照本宣科地演出，俗稱「把垛說書」。演出的節目以中篇為主，有《回杯記》《瓦崗寨》《彩雲球》《四馬投唐》《白玉樓》等。

　　在長期的傳播過程中，東北大鼓形成了不同的藝術流派，如二十世紀中期出現的「奉調」「東城調」「江北派」「南城調」「西城調」等，各派都擁有自己的傳統節目。「東城調」以吉林為活動中心，主要流行於省內的東豐、樺甸、集安、通化、舒蘭等縣鎮。東城派腔調與吉林當地民歌小調連繫緊密，在此基礎上，吸收了奉派唱腔之精華而形成和發展起來的，在傳唱的過程中也曾一度被稱為「吉林大鼓」。後又融入了一些京劇、京韻大鼓和東北民歌的唱

腔，曲調豐富，唱腔流暢，表現力較強。東北大鼓以說唱中、長篇書為主，內容大多取材於戲曲、小說和傳奇故事，成了人們喜聞樂見的一種藝術形式。

中華人民共和國成立後，舒蘭縣文工團有專業東北大鼓的表演者，演出時都安排一定的表演時間。演出反映現實生活的新節目較多，根據文學作品改編的主要的新節目有《烈火金剛》《紅岩》《節振國》等長篇大書和《楊靖宇大擺口袋陣》《白求恩》《漁夫恨》《毛主席來到十三陵》《刑場上的婚禮》等短篇唱段。舒蘭縣城曾經有獨立的東北大鼓說書的劇場，當時來縣城辦事的人，有機會能聽一場東北大鼓也是很大的樂事了。

在「文革」前，農村文化娛樂相當匱乏。東北大鼓演員少，有一個表演者和一個彈三弦的即可，不受場地限制，表演者有一張桌子兩把椅子就可以演出，表演費少、招待費用低。因此，東北大鼓在村屯表演是非常受歡迎的。特別是農閒時東北大鼓表演藝人很難在家，有時候春節都不能在家過，可見東北大鼓是多麼的深入人心。

舒蘭民間東北大鼓著名表演者盲人李子孝，在舒蘭、九台、榆樹三縣有一定名望。他雖然是盲人，卻憑著聽而不忘的超人能力，記下了無數傳統的東北大鼓曲目，達到了聽者想聽什麼曲目他就表演什麼的程度。他從來沒有被難住的時候，其記憶力令人佩服。其弟子遍布舒蘭、九台、榆樹三縣，為東北大鼓的普及做出很大貢獻。由於當時表演的多是傳統的曲目，「文革」時期，他們都遭受不同的迫害，再也沒有人繼承東北大鼓這種藝術了。東北大鼓也作為「封資修」被打入冷宮。

東北大鼓在舒蘭表演的傳統節目非常豐富，短篇有《老鼠告貓》《勸人方》《度林英》《郭巨埋兒》《目連救母》《趙五娘》等百餘段；中篇有《二度梅》《響馬傳》《武松傳》《千里駒》《金環記》和《姜公案》等上百段；長篇有《左傳春秋》《吳越春秋》《英烈春秋》《走馬春秋》《金盒春秋》等「五大春秋」和《薛家將》《楊家將》《呼家將》《包公案》《劉公案》《海公案》等「三將三案」，以及《飛龍傳》《馬潛龍走國》等數十部。可惜的是現在人們只能說出書目，其內容怕是沒人說得出來了。

舒蘭朝鮮族文學

二十世紀初，隨著朝鮮民族的不斷遷入，朝鮮族在本民族文化遺產的基礎上，不斷汲取兄弟民族文化精華，創造出反映現實生活並具有民族特色的嶄新的朝鮮民族文學。

解放前，舒蘭縣朝鮮族人民中，廣泛流傳著口頭文學。口頭文學在朝鮮族文化中具有悠久的歷史和豐富的內容。它以生動的語言藝術，記錄朝鮮族人民的生活和鬥爭，反映朝鮮族人民的智慧、才能、思想感情和民族風俗，表達朝鮮族人民的理想和追求。在舒蘭流傳的朝鮮族口頭文學主要有三種，即民謠、民間故事和詩歌。民謠，有傳統民謠、傳謠和新民謠等。民謠內容十分豐富，有勞動歌謠、抒情歌謠、愛情歌謠和敘事歌謠。其中廣泛流傳的是《阿里郎》《插秧歌》《農夫歌》。《阿里郎》描寫了一個因生活所迫，丈夫離別家鄉，妻子攀山越嶺淚送郎君的淒慘故事，是朝鮮族人民在封建統治時代，被地主階級壓迫剝削而家破人亡，妻離子散，背井離鄉的悲慘生活的寫照。在舊社會，朝鮮族勞動人民被「抓勞工」「出俸土」，身在異鄉時，想起父母和妻子就唱起《阿里郎》。《阿里郎》歌謠因地因時之異而有不同的內容和形式。《插秧歌》

▲ 民間文學集成

《農夫歌》反映了從晨曦拂曉到月出東嶺，整天插秧的朝鮮民族農民的勤勞風貌和樂觀性格。此外，還有《織布歌》《道拉吉》《諾多爾江邊》《博淵瀑布》《八景歌》等。流傳在舒蘭境域的朝鮮族的民間故事，內容和形式也是多種多樣的，多數反映封建剝削制度下，朝鮮族人民的悲慘遭遇和反抗封建統

▲ 朝鮮族文學

治、鏟除邪惡勢力的鬥爭生活，表現出人民的智慧和才能，以及憧憬幸福生活的殷切希望，如《燒炭的小伙子》《沈清的故事》《春香和李道令》《興夫傳》等。以抗日為題材的口頭文學有《李舜臣的鐵龜船》《妓生與倭將投江》《安重根殺死伊藤博文》等。在舒蘭境域流傳的朝鮮族詩歌《勸學詩》《學徒歌》等，受文化啟蒙運動的影響，鼓勵和動員青少年學習現代文化科學知識。還有《十進歌》《獨立歌》，表現了朝鮮族人民反抗日本帝國主義的堅強意志，和嚮往民族解放的思想感情，有強烈的感染力。

解放後，部分口頭文學已經陸續整理、加工、出版。二十世紀五〇年代，舒蘭縣朝鮮族中學語文教師李光順，為紀念「三八」婦女節，創作了《向著最後的勝利》詩一首：

我們是得解放的新時代的女性，在工廠在農村貢獻著才智，盡全力建設人民的新國家，迎接那自己的節日——光輝的「三八」。做奴隸的冤和恨，比天高比海深。雄壯的隊伍，高喊著自由、平等。全世界各個角落都是狂濤在卷起，歷史的「三八」閃耀勝利的光芒，我們要繼承那「三八」的鬥志，更堅決地鼓起那革命的氣勢。決不再重新當牛做馬，向著那最後勝利勇敢前進！

此作經嚴根山譜曲，一九五一年三月八日發表在延邊《東北朝鮮族人民報》上，引起很大反響，為舒蘭縣朝鮮族文學創作開了先河。

在黨的民族政策光輝照耀下，舒蘭縣朝鮮族青年業餘文學創作隊伍不斷發展壯大。一九五八年，有六十餘人從事文學創作，黑龍江和吉林朝鮮文版報社

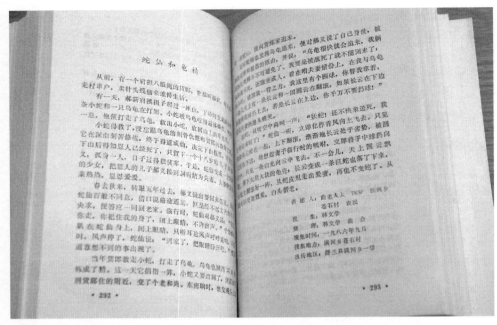

▲ 朝鮮族文學作品

的業餘通訊員有二十多人。從上世紀五〇年代到現在，朝鮮業餘作者中，有二十六人在各種文學刊物、科學雜誌、報紙和廣播電台發表了各種體裁的文學作品，有短篇小說、詩歌、報告文學、兒童文學、民間故事、科幻故事、寓言、歌曲、漫畫和連環畫等；他們還參加了各類文藝團體，其中，吉林市朝鮮族文學藝術研究會理事一人，會員七人；吉林市文學工作者聯合會會員一人；吉林市民間文藝研究會會員二人；吉林市音樂協會會員一人；吉林朝鮮文報記者一人，延邊作家協會會員二人。

　　一九七九年至一九九五年，舒蘭市朝鮮族小說作者的作品在東北三省很有影響。張鳳祚，是位善於創作民間文學的農民業餘作者，他寫的故事、詩歌、民謠，曾在《松花江》《道拉吉》《長白山》及黑龍江、吉林朝鮮文報等報刊上發表五十多篇。他的代表作《一個美人的不幸之事》和《破鏡奴》，分別獲《道拉吉》雜誌社的首屆文學獎和吉林市文聯首屆文學獎。

▎滿族「枕頂繡」

　　滿族民間的枕頂繡,至今已有三百年至四百年的歷史,現存可見的至少在百年以上,它是滿族民間傳統工藝品,是滿族民族文化遺產中的一朵奇葩。

　　滿族及其先民是一個信仰多神教的民族。枕頂圖案表述內容十分豐富。早期枕頂繡反映滿族先民圖騰崇拜、祖宗崇拜、動植物崇拜內容,是枕頂繡中最珍貴的題材,目前存世極為罕見。對樹的崇拜是滿族植物崇拜的重要內容。滿族人把樹視為神樹,他們認為萬物皆有靈。全族人在所居的自然屯里或離屯最近的地方,選樹齡最長、根深葉茂的柳樹或榆樹作為「神樹」來祭祀。一幅枕頂繡畫面上有樹、樹幹、樹根、樹枝,樹上落了兩隻鳥,天空飛著三隻鳥。盡管畫面沒有在枕頂這個很小的幅面上反映出滿族及先民祭樹的情景,但對滿族崇尚樹的民族心理,可見一斑。

　　枕頂繡在色彩上採用了滿洲八旗的顏色,即黃白藍紅,並以此為基本色。如紅底綠(藍)樹。鹿回頭枕頂繡,鹿是黃色,花點是白色,綠葉紅花。這是枕頂繡所反映出的滿族民族文化刺繡作品的一個重要特徵。

　　木枕屬硬質枕,枕起來太硬很不舒服。聰明的滿族先民,在掌握了織布和印染技術後用長布枕代替。布枕呈長方形,長短不一,枕頭的兩頭是

▲ 滿族「枕頂繡」

▲ 滿族「枕頂繡」，李宏偉先生收藏

袼褙做成堵頭，在袼褙外面用糨糊把黃、白、藍、紅等顏色的布或緞子糊上，在上面繡上一幅幅圖案。從枕頭的演變和枕頂繡的產生，我們看到枕頂繡是枕頭的組成部分，它首先是一個實用品，人人都要用，廣泛存在於民間。

本文中的「枕頂繡」為李宏偉先生收藏的實物圖。枕頂繡是滿族及先民生活的反映，畫面內容具有濃郁的滿族風情和生活氣息，表現了人與自然的和諧統一，給人一種美的享受。

枕頂繡的題材具有多樣性。中國畫傳統分類是人物、山水、花鳥和界畫。枕頂繡在僅有的尺寸畫面上，對以上內容均有涉及。另外還有家族祭祖場面、人物傳說、人物故事、戲曲故事、兒童嬉戲等，還汲取了漢族鳳凰牡丹、竹梅雙喜等題材，突出的是臨摹動物禽獸的形象，還有生活中的一些寫實內容，如器物、筆筒、茶桌等。

枕頂繡還體現出刺繡技法的一致性。尹郁山先生在《吉林滿俗研究》一書中，介紹了六種刺繡手法：納繡、布帖、十字繡、絨繡（割繡）、編紗、緞繡。王純信先生介紹八種，又增加了補繡、包繡，還有平針、倒針、長針、緝鎖等針法。納繡和平繡是宋代中原地區創造出來的刺繡方法，也被滿族吸收過來，表現了滿族民間刺繡工藝傳統中善於吸收創造的智慧和藝術表現力。

枕頂繡以小見大，以真實生活為基礎，吸收了漢民族的祈福思想和願望，表現出一種社會美。

▲ 滿族「枕頂繡」

　　它在色彩運用上，明快而強烈，善於採用對比色。如紅配綠，藍配橙等。李宏偉先生收藏的這幅十六點七釐米乘十五點二釐米的枕頂繡，紅底粉花綠葉，色彩對比鮮明。另一幅十六點七釐米乘十五點三釐米的枕頂繡，藍底，畫面上一隻蝴蝶為橙色，另一幅葉和三朵花中的一朵是橙色的。

　　枕頂繡是滿族民間文化的一種表現形式。它既是實用物品，又是裝飾藝術品。它流傳於遼寧省的遼陽、新賓，吉林省的四平、伊通、通化、吉林，黑龍江省的阿城等。滿族枕頂繡隨著社會發展進步，已被新的裝飾用品所取代，但作為滿族民間刺繡文化珍貴的遺產，卻長留天地間。

▲ 滿族「枕頂繡」

▲「威風鑼鼓」表演

第六章 ——

文化風俗

千百年的遷徙和融合，造就了這片沃土上璀璨的地域文化，這裡有粗獷、豪放、以勇敢著稱的滿族風情，有勤勞善良、簡樸整潔、能歌善舞的朝鮮族風情，有智慧、果敢、引領風騷、璀璨瑰麗的漢族風情，共同組成了和諧的民族大家庭。他們所創造的文化，所凝聚的思想，無不閃耀著智慧的光芒。這裡有政治家偉岸的身姿，有詩人豪邁的情懷，有熱情奔放的舞蹈，即便是虛無縹緲的傳說，也演繹了對真善美的熱情謳歌，對假醜惡的無情鞭撻，描繪出了一派可歌可泣、催人奮進的文化風俗。

婚事禮儀

　　婚事禮儀，各地都有不同的風俗習慣。地域的不同、生活水平的差別，決定了婚事禮儀存在一定差異性，但形式大體是相同的。不論時間多久，生活如何變化，禮儀形式其主線是不變的。婚事禮儀喜慶熱鬧、歡樂祥和，表達著新人對未來美滿幸福生活的嚮往，展示著中華民族大家庭人與人之間的濃濃親情。

　　結婚為男女雙方之事，男為娶女為嫁。婚事禮儀以男方的娶為主，女方的嫁儀式簡單，多是配合，隨附於男方的娶。男方對娶是十分重視的，結婚場面十分隆重。結婚是人生大事，它標誌著結婚者真正長大成人了，可以成家立業，也是該家族添人進口的大喜事。結婚的過程是講究禮數的，在確立婚姻關係後，男女雙方共同協商確定結婚的月份，然後由男方按照男女雙方的出生年、月、日、時確定結婚的具體時間，這就是所說的看日子。定下了日子，男方要馬上通知女方，以便女方及時做好嫁前的準備工作。女方的準備工作有陪送的物品和確定送親人員。物品有衣服、被褥、日用品，有條件的還有金銀、首飾等比較貴重的物品。送親人員一般是女方的老輩人、平輩人、下輩人，另一個就是堵轎門的小孩，這個小孩必須是年齡在三至十五周歲的男孩，而且一定是女方的直系親屬，如果沒有直系的男孩也可用本家遠房的弟弟或侄子。

　　結婚前一天是女方的辦置日子（也稱為添箱），同時也是男方來女方家過小禮之日。這是男女雙方結婚前最後一次探討、決定結婚的有關事宜。男方委派在家族中德高望重、有一定地位的人和媒人一起去，代表男方家可以做主答應女方家提出的有關事宜。還有一樣非常重要的禮品就是離娘肉，這個離娘肉是很有講究的，一般多為新鮮的生豬里脊肉和豬後腿，分量上講究吉利數字，一般取雙數。

　　男方結婚的頭天中午在代東家的主持下「上馬」了，也就是宣布一個新郎

誕生了，這時新郎披紅戴花，在場的長輩親屬要掏腰包向新郎祝賀，然後新郎在家人的陪同下，祭拜已故的先人，告知先人自己長大成人了，就要結婚，家裡添人進口了，有了大喜之事。

結婚當天新郎按照預定的時間去娶親，在媒人和娶親婆的帶領下按時到達女方家。在娶親婆進屋時，女方家的親屬比女方小的姑娘，拉著門不讓進，表示捨不得讓自己的親人離開家，這時娶親婆只要給個紅包就可以進屋了。伴娘和堵轎門的男孩陪新娘坐頭車，上車時新娘多少要掉幾滴眼淚的，表示捨不得父母，不願意離開家。前邊是喜車（花轎），隨後是娶親客、送親人和鼓樂隊。娶親車來到之時，鞭炮齊鳴、鼓樂奏響，新郎和公公、婆婆在親朋好友的陪同下迎接到大門以外。代東家給堵轎門的小孩紅包，一般都是先給一個，小孩不下車再給一個，錢的數目根據新郎家的條件來確定。

新娘下車的時候給婆婆頭上戴花，叫聲媽（娘），給公公點支煙，叫聲爸（爹），公婆要給新娘錢，這錢叫作改口錢。院內乾淨利落，事先在窗戶上都貼上大紅喜字，門的兩旁貼上用紅紙黑字楷書寫的對聯，內容多是夫妻恩愛、婚姻和美、天長地久等祝福語。進門時不踩滴水簷，大步邁過去，表示步步平安。上炕時要踩高粱袋子，叫步步登高。上炕後新郎先踩炕的四角，隨後用秤桿揭去新娘天蓋，新郎新娘在炕上朝東南坐福，同時送親的姑娘開始擺放從女方所帶去的化妝品，這個擺放是不白擺

▲ 花轎

的，擺放後代東家也要替東家有所表示。那邊的坐福時間可長可短，當然有時間就多坐為好。

到了慶典時間臨近新娘要下炕時，新娘的小叔子輕打新娘幾拳拽下地。所說的慶典就是拜天地（拜堂），這個時間多數在上午七時至十二時之

▲ 傳統婚禮中使用的馬

間。排好的長桌上擺好用紅紙糊的小盒，正面寫上「斗」字，裡面放五穀雜糧，擺上花生、瓜子、糖果和各種水果；點上兩支紅蠟燭，正中間放上香爐，由主持人宣布拜天地。新郎和新娘一同點燃三支香，鼓樂、鞭炮再次響起，首先請有文化的人讀婚約，媒人再說幾句，相當於現在的證婚，也交換紀念品，多是小飾品。然後夫妻跪拜天地，向天地告知又有一對新人結合了，將擔負起人類所承擔的一份責任。接下來拜父母，感謝父母的養育之恩，也表示承擔一份家庭責任。最後是夫妻對拜，是表示夫妻恩愛、互敬互讓、永結同心、百年好合。鬧洞房有結婚三天無老少之說，在舒蘭地域受滿族風俗的影響，輩分等級是很嚴格的，小字輩不許在長輩面前做過格的事，所以舒蘭地域內鬧洞房都是以新郎、新娘的弟弟、妹妹為主。天黑以後由小姑子把新娘騙到屋外，然後把門關上，新娘進屋要回答很多詼諧幽默的問題；時間稍長些婆婆就出面說情，把新娘放進來，到屋後把從娘家帶來的包由小姑子打開亮貨，讓大伙看看家底，接下來就是小叔子想盡辦法捉弄新進門的嫂子了，就是圖個大家高興樂和。漢族在保留自己傳統風俗的同時，也吸取了滿族純樸吉祥的做法。現在新的婚事禮儀基本上還是以傳統風俗為主線，這就是舒蘭的婚事禮儀。

家譜編修

　　家譜又稱族譜、祖譜、宗譜等，是一種以表譜形式，以血緣關係為主體，記錄家族世系繁衍和重要人物事跡的特殊圖書體裁。家譜是中國特有的文化遺產，在漢族有悠久的歷史，後來逐漸在各民族中出現。家譜是中華民族的三大文獻（國史、地志、族譜）之一，屬珍貴的人文資料，對於歷史學、民俗學、人口學、社會學和經濟學的深入研究，均有其不可替代的獨特功能。

一、家譜的起源

　　關於家譜的起源，從出土的甲骨文、金文、碑文等中國早期文字及史類文獻對家譜起源的考證來看，至少可以追溯到先秦時代。家譜的起始與士族門官制度有重要的關係。自魏晉以後，譜牒之學大盛，一些士族門官都以此互為誇耀。現在能見到的，主要是清代和民國時期的家譜。

▲ 家譜封面

二、家譜的形式

　　家譜的形式有多種。在文字家譜出現之前就有口授家譜和結繩家譜。後來，人們有用圖表裱製垂懸於中堂的，也有裝訂成冊供家人查閱的。歷史上，官宦人家一般都是採用裝訂成冊的家譜。而平民百姓、商賈士紳等則多為懸掛式的圖表式家譜。

▲ 王氏家譜，王景學先生收藏

三、家譜的內容

家譜的內容主要包括三部分：第一部分是世系圖，即某人的世系所承，屬於何代、其父何人；第二部分是家譜正文，是按世系圖中所列各人的先後次序編定的，分別介紹各人的字號、父諱、行次、時代、職官、封爵、享年、卒日、謚號、姻配等。這些介紹性的文字長短不一，實際就是人物小傳；第三部分為附錄。有些家譜在立譜時，便確定了家族世系命名的輩分序列，而且事先標定字號，輩分清楚，鄉間名為「排輩」，實則是論資排輩的意思。由於歷史上形成的重男輕女思想，男子在起「大名」時，必須以預定的某字作為名字的一部分。這個字要放在全名三字的中間或末尾，各個輩數層次不一定完全一樣，但有著約定俗成的規矩。

四、修譜的年份

本文中的王氏家譜圖為王景學先生收藏的實物圖。王景學先生是白旗小孤四門王家的後裔，從始世祖到這輩已經是第六代傳人。先祖闖關東帶過來的譜書早年因住宅失火遭焚毀。王先生從小接受老輩言傳口授，歷時十九年積累成較為完整的家族史料，並對本族家譜開始創編，把這些口傳記錄分門別類整理成篇，並附有單、表、圖、文、傳說、小傳，還有譜聯、碑文、地契、老照片等也都搜集進來了。經家族代表大會一致通過，得到家族有識之士的鼎力贊助最後彩印成書，作為二十一世紀之初獻給全體家族成員的一份厚禮。王氏家譜也很好地體現了舒蘭的文化風俗。

朝鮮族風俗

舒蘭市的朝鮮族居民是十九世紀中葉從朝鮮半島遷入並定居下來的。朝鮮族人民具有勤勞、勇敢、質樸、整潔、尊老愛幼、團結互助、熱情好客等美好的道德風尚。

▲ 朝鮮族壽司

飲食　朝鮮族過去生活在濱海多山地帶，因而在飲食中「山珍」「海味」占很大比重。「山珍」主要是指山菜、山果、山藥等，當然也包括一些野禽、山獸；「海味」是指魚貝和海菜、紫菜等。

泡菜，泡菜是朝鮮族飲食中具有民族特色的冬季必備的副食品。

▲ 朝鮮族冷麵

糕餅，糕餅有用米和米麵做的兩種，用米做的打糕，即把蒸熟的糯米或小黃米放在木槽或石槽裡，用打糕槌擊打而成的。

糖果，有糖飴、飴糕、油蜜果、茶食果、煎果等。糖飴是用糧食做的。冷麵，以適當比例把蕎麥粉、麵粉、粉麵等摻和製成麵條，用精牛肉或雞肉熬湯。

冬至粥，冬至這天白晝短，夜晚長，朝鮮族在這一天有吃「冬至粥」的風俗。

五穀飯，每逢正月十五，農民用江米、大黃米、小米、高粱米、小豆做成五穀飯吃。

聰耳酒，每逢正月十五的早晨，朝鮮族同胞都喜歡空腹喝酒，以祝耳聰。這種在正月十五早晨喝的酒，就叫「聰耳酒」，此酒無須特製。

服飾　朝鮮族喜愛穿素白衣服，故有「白衣民族」之稱。朝鮮族服飾的特點是斜襟，無紐扣，以長布帶打結。男子的褲襠肥大，易於盤腿而坐，褲腳繫上布帶，並喜歡在上衣加穿帶紐扣的有色坎肩，出訪時再加穿長袍。男女所穿的上衣，在斜襟上都鑲著白布邊。這種白布邊可以經常拆洗，使衣服保持明亮的色彩。飄帶是用綢緞製成，紅、紫、藍色都有。

　　婚俗　朝鮮族在很早以前就有一種同宗、表親之間絕不通婚的民俗，成為規矩，不分貧富貴賤，一直嚴守。如有越規者，會被指責為畜生。朝鮮族舊俗婚禮全由父母雙方包辦，婚者毫無自由。婚禮程序繁多，一般都經過會面、訂婚、納幣、結婚等四道程序。

　　朝鮮族的傳統婚禮儀式，有新郎婚禮和新娘婚禮。新郎騎馬去迎親，在新娘家舉行的婚禮叫新郎婚禮，一般按奠雁禮、交拜禮、房合禮、席宴禮等順序進行。

　　奠雁禮：新郎迎親時帶去一隻木製的彩色模雁，放到新娘家客房門外一張

▲ 朝鮮族服飾

小桌上，把模雁往前輕輕推三次，之後行跪拜禮。

交拜禮：奠雁禮後，新郎、新娘一內一外相互跪，然後交換酒杯，互相敬酒。

房合禮：交拜禮後，新郎進到新娘房間，同新娘見面，互問家安。

席宴禮：就是新郎接受婚席。席上擺滿糕餅、糖果，然後給新郎上飯上湯，在大米飯底要放三個去皮的熟雞蛋。新娘在婚席前正襟跪坐。新娘婚席比新郎婚席要豐盛，在桌上一定要擺上一隻煮熟的昂首挺胸的整公雞，嘴裡還叼著一個大紅辣椒，以示吉祥。新娘婚席擺好後，先請陪新娘前來的女方近親過目，以示男方不虧待新娘。婚禮當晚，近親和村子裡的青年男女為新郎、新娘開娛樂晚會，往往歌舞到深夜。現在新事新辦，新郎不騎馬，新娘不坐轎，婚禮從簡，已成為風氣，從而出現了許多樸素、大方、熱鬧的新式婚禮儀式。

節慶禮儀　朝鮮族的節日，基本上與中華民族的傳統節日相同，只是按照自己的民族習慣，在形式上有些不一樣。

元日。每年的農曆正月初一，是朝鮮族一年中最盛大的傳統節日，即元日。到除夕，家家把屋內外打掃乾淨，以迎接親戚來過年。男女老少分別玩「戲」、猜謎，往往通宵達旦。老年人打「數千」（紙牌），少男少女玩「捉迷藏」或「燃燈賽」。至今在鄉村裡仍保留著這類遊戲。城鎮裡的人一般看戲、看電影，或開家庭娛樂會。

上元節。朝鮮族在農曆正月十五過的續編節日。這一天人們吃「藥飯」或「五穀飯」，早晨還喝「聰耳酒」可使人們耳聰目明。上元節的遊戲，過去有「火炬戰」「車戰」「拔河」等。在進行這種娛樂活動時，全村男女齊出動，或參加比賽，或敲鼓、吹簫助威，熱鬧異常。取勝者便唱歌、跳舞、歡慶勝利。晚上則進行「迎月」「踏橋」「解歷數」等娛樂活動。

端午節。朝鮮族在農曆五月初五過端午節時，有自己的民族特點。這一天，村裡殺豬，家家做艾糕和蒸餅，還有小豆包。農家還做菖蒲酒和小酒，請人共飲。端午節這一天，婦女盪鞦韆，小伙子們進行摔跤比賽。現在村裡組織

端午節運動會，除進行鞦韆、摔跤比賽外，還進行足球、排球、田徑比賽。

　　秋夕。朝鮮族在農曆八月十五過的傳統節日，也叫嘉俳節。村裡殺牛，家家用新穀做打糕、松餅，慶賀當年豐收，還要祭祀祖先和掃墓。這一天村村都進行摔跤、鞦韆、跳板比賽或表演，還進行球類比賽，連續搞幾天，全屯、全村人都來觀看助威，氣氛非常活躍。

　　寒食。每年農曆清明時節，朝鮮族常去祖先的墳地掃墓祭祀，並把這一天叫「寒食」。

▲ 節慶舞蹈

▋民間歌謠

流傳於二十世紀三〇年代至四〇年代舒蘭地方的民間歌謠，是滿、漢、蒙、回各族人民生活中的民間口頭文學，是人類生活的「副產品」。

舒蘭民謠與當地滿族民間的說唱文學八面鼓、子弟書結合，在內容與形式上與湧入大量外來人口不無直接的關係，其中包含河北人帶來的河北梆子、評戲、咔京戲唱詞，並融合本土的東北大鼓鼓詞。舒蘭人民從喜聞樂見的「二人轉」唱詞以及生產生活實踐中不斷汲取營養，也從民間藝術形式不斷交流發展過程中，產生了另一種民間文學樣式的歌謠。

歌謠是口頭創作。在我國古代，合樂為歌，沒有音樂伴奏的唱詞為謠，現代統稱歌謠。它詞句簡練，大多押韻。

這些歌謠產生的時間在一九〇〇年至一九二〇年這段時間，但很難斷定每一首歌謠產生流傳的具體時間。這些民謠在流傳過程中，經過加工和文人潤色，用文字記錄下來，其內容和形式豐富多彩。

一、生活歌謠

這類歌謠居多。日常生活中有記述社會、家庭方面重要事件的，有祝福的、勸告的、譏諷的，有勸戒毒的、講衛生的、健康長壽的，等等，真實反映了舒蘭人民的生活內容，富有時代氣息和生活情趣。看《太平歌》：「日從東方升，照得滿天紅，宵小皆斂跡，鬼怪逃無蹤。太陽出來正在東，十日雨來五日風，家家戶戶慶升平。」表達了人民祈求過上風調雨順平安幸福生活的強烈願望。

二、舒蘭地方歌謠

舒蘭地方歌謠是反映人民生活的一個重要方面，表現東北地區少數民族和舒蘭地域的特有形態。舒蘭大地，地廣人稀，山清水秀，民風淳樸。舒蘭人性格粗獷，語言豪放，與江南一帶纏綿細膩的風格不同。與其他民間文學樣式一

樣，民謠具有流傳（傳播）性特點，群眾以口頭的方式流傳。它不是少數人創作的成果，而是集體創作的結晶，在不識字的農民和識字有文化的人之間一樣流傳。民謠在口耳相傳的過程中，經過文人加工潤色，最後用漢語言文字把它固定下來，借漢字這種物質外殼記載下來，成為膾炙人口、流傳廣泛的作品。舒蘭地方歌謠多運用地道的舒蘭地方語言，通俗易懂。「笑到南園裡，哎喲好大瓜」，「哎喲」，用口語表示意外的驚喜。《農家樂》中「割高粱，拉穀子，夜晚眠，早快趕。身體勞，心裡喜，打了場，專趕集」，「割高粱，拉穀子」，「去趕集」都是活在農民嘴裡自己的語言。歌謠的語言無時不運用口語。如《大煙害》：「大蘿蔔，外面紅。抽大煙，要受窮」，「三人同心，黃土變金」，運用口語巧妙恰當地表現抽大煙的危害和團結就是力量的主旨。

運用比興手法，使歌謠生動活潑，也是易於流傳的手段。《詩經》是我國古代最早的一部詩歌總集，《詩經》中大量運用比興手法，舒蘭民謠繼承吸取了其表現方法。如《說媳婦》：「買地別買沙坨子，買牲口別買噘嘴騾子，說媳婦別要後老婆子」，以「沙坨子」和「噘嘴騾子」兩個連續的比喻，提出了「說媳婦」的要求。朱熹在《詩經集傳‧關雎》中寫道：「興者，先言他物以引起所詠之辭也。」比喻和興的手法融為一體，水乳交融。

歌謠還有對話體的運用，如「天作棋盤星作子」，「地作琵琶路無弦」，「天作棋盤無人下」，「地作琵琶無人彈」。還有自問自答的形式，「要媳婦做什麼？做鞋做襪，做褲做褂，點燈說話，吹燈做伴不害怕。」對話體的運用，更體現了民謠人民性的特點，它使人感到親切，有人民群眾自己對山歌的意味。這些歌謠有的最早可能是唱曲，後來演化成歌詞的記錄。

舒蘭民謠存活於民眾之中，它折射出舒蘭地方的風俗、禮儀、語言等文化現象，當然它本身也是一種文化現象，是勞動人民自己創作的。在流傳過程中，它表達了勞動人民的思想感情願望和理想。隨著社會的發展，有些風俗早已逝去，一些民謠失去了繼承的載體，但它作為文化檔案，讀者從中可以看出那個時代的風尚、思想和習慣。

關東三大怪

「窗戶紙糊在外，十七八的姑娘叼個大煙袋，養活孩子吊起來。」這就是當年在東北地區廣為流傳的「關東三大怪」。這是東北人民生活的真實寫照，是這一地域獨有的風俗民情。

第一怪：窗戶紙糊在外

早年東北人居住的大多數是土草房，為了通風、採光，正房多是留有南面六大扇、北面三大扇窗戶；廂房是哪側的窗戶留得多取決於門，門所在的一側窗戶就多。窗戶還分上下扇，上扇在夏天經常打開用於通風，下扇則多固定；上扇由於經常開易破損，所以用較多的窗櫺來加固，窗櫺不講究美觀的，就是用橫豎四或五根木條相交組成的小方格，講究的就製成菱形、喜字等各式精美的圖案。下面的窗戶打開的時間相對少，所以窗櫺就少些，雖然也講究藝術性，但是由於窗櫺少做不出什麼更多的花樣，也只能是做得精細些。

關東人習慣用糊在窗戶上的窗戶紙來擋住夏天的風雨、冬天的寒風和冰雪。經過人們多少年的摸索和總結，這窗戶紙只能糊在窗戶的外面，因為風刮在糊在窗戶外面的窗戶紙上，窗戶紙裡面有窗櫺樘著，窗戶紙刮不壞也刮不掉，沒有窗櫺樘著窗戶紙再結實的也要被破壞，可見窗櫺的重要性了，這是其一。第二，窗戶紙糊在窗戶的裡面，雨雪自然要飄落在暴露於外面的窗櫺上，那雨雪總是要潤濕窗戶紙的，潤濕後的窗戶紙自然就要脫落損壞；而窗戶紙糊在窗戶外面，雨雪落在窗戶紙上是存不住的，自然就滑落了，對窗戶紙不會造成任何破壞。

▲ 窗戶紙糊在外

糊窗戶是每年每家一項必不可少的事情，在中秋節過後不論怎麼困難的人家都要準備錢買窗戶紙來糊窗戶，冬天家家都是靠窗戶紙來遮風擋雪。有窗戶紙，還需要好的白麵打糨糊，在那個年代人們寧可少吃一頓餃子，也要節省出糊窗戶的糨糊麵。糊好的窗戶等糨糊乾了，還要給窗戶紙噴、塗油，大多是把植物油含在嘴裡，然後再用力均勻噴出，使植物油能均勻灑在窗戶紙上。也有的人家用家禽的羽毛蘸植物油往窗戶紙上塗，其目的是增加窗戶紙的透明度，從而增強室內的採光，還有就是用油來防止雨水冰雪打濕窗戶紙，來保證窗戶紙日久天長不易損壞。

第二怪：十七八的姑娘叼個大煙袋

煙袋是由煙袋嘴、煙袋桿、煙袋鍋三部分組成，過去人們就是用它來吸煙的。

大約是在清朝初期老百姓才開始偷偷地吸煙。當時吸煙的人都是用黃紙，又比較厚，而且紙的價格比較貴，人們不可能用紙來捲煙吸，所以使用煙袋吸煙是非常普遍的。男人叼煙袋是普遍的，家庭婦女叼煙袋可以理解，十七八的姑娘叼個大煙袋，就成為關東的怪現象！

煙是關東夏天驅蟲、冬天禦寒最廉價的佳品，是人們交往的禮品，還是禮儀必不可少的項目。在關東，姑娘議婚就需要用煙開始應酬接待，從婚禮開始到結束煙都伴隨始終。婚禮的應酬是短暫的，平常日子來人待客、孝長敬親都是以煙為先，這都是由家裡的媳婦來完成，所以在她做姑娘時沒有好的基本功是難以勝任的。為了學會裝煙，有的姑娘從小就在家人的指導下，有目的地學習這一技術。而有的人家在選擇兒媳婦時把姑娘裝煙、點煙的基本功作為重要的標準之一。所以，姑娘自己要首先學會吸煙，在吸煙中去學好敬煙的禮節。這樣十七八的

▲ 大姑娘叼煙袋

姑娘叼個大煙袋就可以理解了。

後來在關東吸煙又成為家庭的身份和權力的象徵。一般家裡的老太太的權利是至高無上的，每天端著大煙袋對著家人發號施令，此時的煙袋就成了權力的象徵。每天婆婆起床後、睡覺前媳婦要給她敬煙，自己外出前、回來後也要給公婆敬煙。姑娘雖然在婆家地位低，在娘家的地位卻是蠻高的，兄、嫂、弟、弟妹皆尊稱其為「姑奶奶」，娘家大事小情也是要通過她來做主的。由於每個女人都特有的雙重身份，女人吸煙又成為家庭的身份和權力的象徵，這也決定了十七八的姑娘為了以後家庭的需要，而較早地叼上大煙袋了。

現在，女士吸煙大幅減少，十七八的姑娘叼個大煙袋已經成為歷史。

第三怪：養活孩子吊起來

養活孩子吊起來，是東北民間獨有的搖籃育兒習俗。搖籃又稱搖車、悠車。搖籃是用兩塊薄板做成，長一二○釐米左右、高四十釐米左右，形如小船，用薄木板做底，多數用細皮繩進行縫製、固定；在兩幫多塗大紅色，再用金粉或銀粉畫各種吉祥的圖案，寫上榮華富貴、五子登科、長命百歲等吉利話。在兩幫距中間四十釐米左右的前後兩處固定兩個環，用來繫繩懸掛搖籃。早些年東北人蓋房子，必須同時把搖籃桿也要安好，一般是用直徑十釐米左右的木桿，把它安在與柁同高、與炕沿平行的位置上固定了即可。即使蓋房子時沒有小孩，那以後也是要有的，所以每家蓋房子都要提前安搖籃桿的，安搖籃桿這已經成為蓋房子的一種習俗。

▲ 養活孩子吊起來

▲ 滿族搖車

東北的小孩為什麼要用搖籃呢？懸掛起來的搖籃可以避夏的炎熱、躲冬的熱炕，因此搖籃是每家小孩休息、睡眠的最佳之處。睡搖籃的孩子得病自然要少，這就是把小孩「吊」起來的好處。那時一家有四五個孩子是平常事，讓孩子媽媽一個人來照顧這麼多的孩子是難以勝任的，媽媽把小的孩子放到搖籃裡，大孩子悠動搖籃就可以替媽媽照看弟弟妹妹了。搖籃成了看孩子的「好幫手」。搖籃育兒有一定的好處，被廣大的東北民眾所接受，並成為關東的一大民俗。

其實這「三大怪」是關東人在日常生活中獲得的寶貴經驗，是關東人戰勝自然的偉大創舉，也是關東人聰明才智的展示。

民間風俗──放山、抓哈士蟆

放山　放山也叫挖參、挖棒槌。每年農曆七、八月中旬，人參果由青轉紅，鮮豔奪目，吸引著放山人，東部山區的農民便開始上山挖棒槌。放山有跑單幫的，也有帶著糧食、炊具合伙干的，這種形式當地人稱之為「出背」。「出背」一般人數在七八個或十多個不等。由一名山場熟、經驗多、德高望重的人擔任把頭。到達目的地，先修「搶子」（臨時搭成的窩棚），然後選一名年歲較大者看家做飯。放山時，每人削製一根五尺長的木棍，叫「梭撥棍」（用以撥弄蒿草，便於發現目標），而後按人數多少拉開距離，一字排開。放山是有規矩的，不准亂說亂講，很有點嚴肅和神秘的色彩，說話也要使用放山術語。

在山林中，間或聽到把頭用木棍擊樹的聲音。把頭擊三下，人們依次還擊三下，表示呼應，以免失蹤。有人發現棒槌，就高喊：「棒槌！」把頭在遠處問道：「幾品葉？」發現者馬上回答。人們便都聚攏來，由把頭做好起參前的準備。先拿出一根紅線，每端拴上兩個銅錢，再把紅線纏在參秧上，按紅線的長短距離，在每個銅錢的方孔上都用一個小樹杈架上，起參時免得參秧搖晃。把頭從起參包裡拿出專用的骨針、砍刀、小鉗子等工具，開始破土挖參。挖參時必須十分小心謹慎，一個幼小參鬚都不能碰斷，還要攏起一堆火驅蚊。挖出後，在原地插上一根棍子，尋些樹纓子綁在棍子上，稱之為「花櫬子」，以示放過參的標記。剝楸子樹皮結在「花櫬子」的中間，戀在周圍的小灌木上，稱之為「戀山皮」。在附近剝下一張松樹皮，放的是幾品葉，就要在樹幹上用斧子砍幾下印子，這標記在此起過什麼樣的棒槌。起一塊青苔包在人參上，以保持漿氣，撒些起參的原土，外面包上松樹皮。「放山」非常辛苦，放山人要忍受在露水濕、蚊蟲咬、荊棘劃臉的惡劣環境下工作。「發財」者固然有之，「趟草」者（未放著參）也不乏其人。盡管如此，由於人參價格昂貴，每到放山季節，三五成群進山者有增無減。

抓哈士蟆　哈士蟆民間稱油蛤蟆，學名「田雞」，經濟價值很高。抓哈士蟆，是山區半山區人民的主要副業之一，以春秋季捕捉為宜。

「穀雨」左右的陰雨天，哈士蟆多在夜間出水（出河），先出水的均為雄性，鼓噪之後，雌性方才出水。出水後先奔水泡子，產卵後再上山。哈士蟆經過冬眠，剛剛出水，行動比較遲緩，易於捕捉。當地群眾根據哈士蟆生活習性，掌握時機，入夜時，三三兩兩，手提松明或馬燈歡聲笑語，在路上捕捉，有的把馬燈放在稻池埂上，靜靜等候。每晚多者可捉幾十只至幾百只。

「白露」前後，哈士蟆從山坡樹叢中順溪流返回大河，返回時在河岸附近逗留一個時期，待雨天或無風天下河。入水後棲於石塊下面。捕捉人拎網或水桶，下水翻石捕捉。還有一種捕捉方法，下須籠（一種小口大肚，能進不能出，用樹枝編織的工具）。即將須籠下在有哈士蟆的溪流狹窄處，使水從須籠中流過，哈士蟆便流入須籠裡。

歘嘎拉哈

在舒蘭嘎拉哈的玩法有很多種，最為普及的有兩種，一種叫「歘（chuā）嘎拉哈」，一種叫「彈嘎拉哈」。

「嘎拉哈」在滿語中指動物的後腿髕骨，就是連接大腿骨和脛骨的那塊骨頭。通常見到的嘎拉哈是豬、羊、狍子等的髕骨。「嘎拉哈」遊戲是滿族人發明的，在滿族中十分普及，不分男女老幼都可參加。

玩嘎拉哈的人通常把嘎拉哈叫作「子兒」，以四個子兒為一副，可多副一起玩。每個嘎拉哈有四個面，根據每個面形狀的不同，分別叫作「針兒、輪兒、肚兒、背兒」。歘嘎拉哈，通常還要配一個小布口袋，布口袋是由六塊布縫合而成，大小不同，一般比拳頭小，裡面裝上糧食或是細沙，裝綠豆的口袋最好用。玩的時候只能用一只手，先把一副嘎拉哈隨意甩在地上，用手拋起口袋，快速用手指盡量把四個嘎拉哈都擺成特定的某種形狀，接住口袋。根據擺放的嘎拉哈的形狀不同，得的分數也不同；然後再次拋起口袋，快速把符合標準的幾個嘎拉哈抓在手裡，接住口袋……直到失敗為止，再換一個人玩。失敗的標準是抓嘎拉哈的時候碰到不需要抓的那個，或抓起嘎拉哈沒接到口袋。

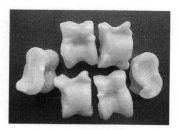

彈嘎拉哈則是先將每個人出的「嘎拉哈」集中在一起，散在炕上、桌上或者地上，然後挑選同類的嘎拉哈相彈，如是背即彈背，是輪

▲ 嘎拉哈

的即彈輪，兩個相撞後，選其中一個撿出歸己。如彈時碰到了第三者或未彈中，即為失敗，由第二人再彈剩下的「嘎拉哈」……

關於嘎拉哈曾有這樣一個傳說。相傳，大金國開國皇帝完顏阿骨打的兒子金兀術從小任性淘氣，習文練武，一事無成。阿骨打決定讓金兀術到松花江畔的深山老林中學藝。金兀術路遇仙人，指點他如果能追上一隻狍子，取來牠的嘎拉哈，他就能成為最靈巧的人；如果射死一隻野豬，並取來牠的嘎拉哈，就能成為最勇敢的人；如果紮死一頭熊，並拿來它的嘎拉哈，就可以成為天底下最有力氣的人。後來金兀術做到了，並且真的如仙人所說，在大金國聲名鵲起。女真人各家為了使自己的孩子將來有出息，就把各種嘎拉哈收集起來，讓他們朝上扔著玩，後來成人也參加了這一遊戲。於是「嘎拉哈」遊戲就成為滿族傳統的體育和娛樂活動。

▲ 孩子們在欻嘎拉哈

千層底布鞋

　　儘管千層底布鞋究竟誕生於何年何月，已無明確文字記載，但最近資料表明：我國最早的千層底布鞋始於周代，從山西省侯馬市出土的三千多年前周代武士跪像的鞋底上，明顯可見一行行規整的線跡，與今天的納底布鞋完全一致，它表明三千多年前的周代，納底布鞋已經被使用。納底布鞋發展到清代，進入了全盛時期，造就出馳名中外的「千層底」，無論是造型、材料還是技藝方面都有了較大發展。

　　所謂的千層底，其實沒有千層。一般的鞋底就是九層、十二層或十五層，再厚了納鞋底的時候就納不動了，而且如果鞋底太厚，穿著的時候腳下的鞋底就特別的硬，也不舒服。多少層是泛指手工納製的布鞋鞋底打袼褙的層數。因鞋底用鋪襯裱成袼褙，多層疊起納製而成，取其形象得名。

　　舒蘭市千層底布鞋製作工藝有著悠久的歷史，具有獨特的優勢。作為中華民族的寶貴財富和珍貴遺產，具有極高的歷史文化價值、經濟價值和工藝價值。千層底布鞋是一種中國古老的手工藝技藝，被國務院正式公布為第二批國家級非物質文化遺產。

　　千層底布鞋的主要製作工藝如下：

　　首先得打麻繩，還得打袼褙（用來作鞋底和鞋幫兒），沿鞋裡兒，繃鞋面兒。大閨女、小媳婦穿的鞋還得繡上花兒。

　　打麻繩。此項工作大多都是家庭中上了年紀的女性所為。冬閒時，身板硬朗的老太太盤腿坐在火炕上，身旁守著個關東家特有的泥火盆兒，頭上梳個疙瘩鬆兒，嘴裡叼著個二尺來長的木桿兒大煙袋，左臂高舉，左手拇指與食指間捏著下垂的麻經兒，麻經兒的下端纏墜著一個叫「撥拉槌兒」的重物（它是由子或牛的小腿脛骨中間穿過一段二十釐米左右的八號鐵線，上端彎圓鉤製成的，也有用硬木旋的相對兩個錐體代替獸骨的，其實這就是最原始的紡線

器），右手給撥拉槌一個順時針的猛勁兒，撥拉槌兒便旋轉起來，給左手指下面至鐵鉤之間的麻經兒上勁兒。邊上勁兒，左手食指與拇指邊向下放麻經兒，如果手指上端的麻經量不足時，右手便立即又續上一根早已備好的麻皮兒（也稱麻）。如此往復，便有了很長很長的單股麻經兒，最後再將單股合成雙股，麻繩也就打成了。

打袼褙（製作鞋底和鞋幫的材料）。在光滑的櫃板或面板上面抹上白麵稀糨糊，然後將洗淨晾乾的破衣服或被褥的大小不等的碎片均勻地鋪上一層，用手抹捋平整，再如此往復，一般鋪五六層，等曬乾後，用來開鞋幫、鞋底。

開鞋底、鞋幫。根據穿鞋人腳的大小，將事先備好的鞋底、鞋幫紙樣平鋪在干袼褙上，用木炭條劃出輪廓線，最後再用剪子裁下，一般的鞋底用五到六層袼褙，鞋幫用專用的單層袼褙即可。

沿鞋底、鞋幫。將開好的鞋底、鞋幫袼褙每個單層都用同一顏色，一寸寬左右新或較新的白、藍、青布條包縫，最上最下層袼褙還得用新布全包上一面。

納鞋底。將裁好的鞋底袼褙五六層摞在一起，將已打好的細麻繩截下五六米長，一端打疙瘩，另一端用牙磕出個細虛尖兒，再用手指搓成細繩紉頭兒，以能紉進一號衣針的針鼻兒為好。從鞋尖中心開始，用納鞋的錐子錐出眼兒，然後再將麻繩針穿入，從第二針開始，每納一針，都得用錐子把兒將麻繩纏繞上兩圈，再用力拽緊。如此圍著鞋底邊緣先納上一圈，接著再從鞋尖往裡納。納法有很多，有從外邊一圈圈向裡納，也有從前往後納，還有納出各種圖案的，如什麼雞爪花、貓爪花、九針方塊兒、大錢兒、萬字兒、壽字兒、人字兒等等。

上鞋幫。上鞋幫一般分為兩種，一種是將

▲ 千層底布鞋

▲ 製作千層底布鞋

沿好的鞋裡兒（窮人多用舊布），繃好鞋面的鞋幫下部沿邊露在外邊，上到鞋底上，鞋幫小於鞋底，這叫大底鞋；再一種就是將其窩到裡邊，鞋幫等於或大於鞋底，這叫小底鞋。有條件的人家還要把做好的新鞋鞋底用桐油漆一遍，以防止潮濕後腐爛，延長鞋的使用壽命。

繡花。一般小孩穿的鞋，大多在鞋臉上繡上一對小老虎之類的圖案。大姑娘小媳婦穿的，會在鞋臉上兒或鞋幫上繡上自己喜歡的花的圖案或花紋。成年男人的鞋一般不繡花。

在二十世紀的戰爭年代，它在很長的一段時間裡，曾經凝聚了人民對子弟兵的魚水深情。人民的軍隊就是穿著母親和姐妹們親手給做的這種千層底的軍鞋，南征北戰抗日寇，東拼西殺鬥頑敵。做軍鞋在當年是最廣泛、最普遍、最具代表性的擁軍、支前行為了；穿軍鞋的人數之多，做軍鞋的人數之眾，可謂世界之最。

關東燒鍋

　　關東燒鍋，這個詞也許好多人聽起來十分晦澀難懂，尤其是現在的年輕人就更不知其中的含義了，但對於上了年紀的人，一聽「燒鍋」二字，馬上就能想到這是釀酒的地方。過去許多老年人都願喝上一口小燒，其實這種小燒就產自東北的各個釀酒的小作坊，亦即燒鍋酒。

　　燒鍋酒也就是如今的蒸餾酒，東北是中國燒鍋酒的發祥地之一。

　　燒鍋酒是從煉丹技術發展到蒸餾酒後做成的一種小燒，其原料取自東北土地上生產的純質高粱、小麥等，再配以優良的水或深山中的山泉水釀造而成。燒鍋酒是東北酒類的特色代表，綜合了許多傳統的製酒工藝精制後，再用窖儲。過了幾年，從窖中取出，不用你去品嘗，一開酒缸蓋，酒香立即撲鼻而來。喝上了幾小口，頓感清雅細膩，綿延濃郁，回味無窮。

　　據有關資料記載，關東燒鍋酒發明於一八○五年，至今已有二百多年的歷史，一直受到東北老百姓的青睞。過去名酒不多，而且名酒大多數人也買不起，誰家辦喜事、辦喪事，來人去客等，主人都拎瓶子去燒酒坊花錢灌點酒，價格又不貴。回到家，再用熱水燙一壺老酒，讓人感到韻味悠長。

　　在過去的舒蘭農村，小燒鍋酒坊遍地開花，一個小縣內會有幾十個小酒坊。二道燒鍋、天德盛燒鍋在當時都是非常出名的。那時釀酒的設備十分簡陋，規模大小不一，十幾間廠房和十幾個曲窖不等，但製酒的工藝卻很精湛，

▲ 關東燒鍋

釀酒的大師傅手藝極高，再加之做酒的糧食都是無污染的綠色食品，水也是純淨的山泉水或大江、大河水，為此釀出的小燒酒質地優良，純度較高（紅高粱酒始終保持六十度以上），綿醇上口。可以說，那時的小燒鍋酒也是純粹的綠色食品。

天德盛燒鍋之所以很有名，相傳天德盛吉林高粱酒源於金相府，盛於清宮廷。一一四九年，金海陵王完顏亮稱帝，改年號為天德元年。同年，在完顏氏的族居地，今舒蘭市小城鎮，前朝左丞相完顏希尹之孫——同知盧龍軍節度使完顏守道命人創立天德盛燒坊，將家酒流傳於世，與民同飲，取名為天德盛高粱酒，意欲彰顯天子之德，盛世之和也。

此後完顏守道官運亨通，升至太尉、尚書令後，天德盛高粱酒也隨之鼎盛，成為宮廷御酒。那時，高粱酒倍受女真人推崇、喜愛。《會編・政室上帙卷三》記載：當時之人「飲酒無算，只用一木勺子，自上而下循環酌之」。每逢節慶、祭祀、聘娶、圍獵、宴飲賓客，必以酒助興。「酒味皆珍美，懷面滿春風」，甚至「嗜酒好客，酒行無算，必醉或逃才已」。此種古風，至今吉林尚有留存。

金代消亡、完顏希尹家族沒落之後，天德盛高粱酒神秘釀藝從宮廷相府散落民間。清乾隆五十年（1785年），山東省濰縣小東莊屯，有個名叫于龍川的農夫攜家逃荒來到東北。他除力田之外，還兼賣瓦盆。一日，他行至天德盛酒坊，喝了幾口高粱酒，感到甘醇入喉，飲後神清氣爽，精力充沛。于龍川一問才知，此酒釀法從大金的開國元勳——完顏希尹家族傳出，又是大清國的御酒，歷史久遠。于龍川心想，燒賣此酒定強於賣瓦盆。他當機立斷，投奔「天德盛燒坊」學藝。由於聰明勤勉，為人誠懇忠厚，于龍川盡得傳統釀藝之精華，成為天德盛高粱酒的一代傳人。在其潛心鑽研、苦心經營下，釀酒技藝不斷完善改進，使得天德盛口感更加醇厚清冽，不僅生意紅火，家族人丁也十分興旺。從清道光二十四年（1844年）至光緒三年（1877年）的三十三年間，于家在科甲考試中創造出了「叔姪五進士，兄弟兩翰林」這一關東奇聞。爾

後，于氏開的一系列商號，皆以「天」和「德」命名，共有「九天」「十二德」，天德盛高粱酒從此更是聲名遠揚，今舒蘭市天德鄉即由此而得名。

關東燒鍋酒經過了近百年的演繹變遷，現在僅存的小作坊已寥寥無幾，但東北小燒酒的酒香至今仍留在人們的記憶之中，那綿綿的香馥，醇醇的口感，讓人們難以忘懷。

▌爬犁

　　過去，在冬季，人們常會看見一種用木桿做成架子形狀的東西，由牲口拉著在冰雪上行走如飛，這就是東北民間的主要交通工具「爬犁」。

　　爬犁又叫「扒犁」「扒桿」，民間稱冰雪上的車子。過去，北方各民族在戶外活動主要靠爬犁。爬犁，很像在地裡耕地用的「犁杖」，沒有「輪子」，遠遠看去像在地上爬，所以稱之為爬犁。爬犁是生活在北方冰雪世界中人們的主要交通運輸工具。北方一年中有三分之一的時間處於冰雪期，而戶外山川溝野之間雪特大，往往填沒了「道眼」，只有爬犁可以不分道路，雪上行走，靠的是動物的牽引。

　　北方的爬犁輕便精巧，有時用同等粗細的小桿，經火和熱氣熏烤發軟，然

▲ 扒犁，拍攝於 1928 年

後做成彎形，穿上橫帶製成爬犁。這種架子爬犁主要是人拖，用於趕集、運糧或砍柴。還有一種跑長途的重載爬犁，用粗木鑿鉚鑲鑲死。鉚不用釘子，榫對准鉚後用水泡浸。木頭一漲比釘子釘得還結實。這種爬犁往往是拉重載、跑長途，爬犁架子也大，最大的有兩頂小轎那麼大。如果拉人還要支上「睡棚」，那就舒服多了。這種睡棚又叫暖棚，也可稱「皮棚」，是用各種動物的皮子搭好，左右各留個小窗，裡面有火盆、腳爐等，長途在外可過夜和抵擋風雪。

爬犁的動力主要是牛馬，駕馬者曰馬爬犁，駕牛者曰牛爬犁。長途運輸客貨者宜用馬，「以馬牽拖床遞鋪負重而行疾」，「若得良馬，日可行二三百里」，「若馳驛，更換馬匹，冰雪之地可日行三四百里」。「冬來最好是長征，路上爬犁似砥平。門外天涯人去也，一鞭風雪馬蹄輕。」仿佛我們已置身於長鞭一甩、駿馬揚蹄在風雪路上飛馳的爬犁上。

爬犁駕狗者曰狗爬犁。居住在北方地區的人們常用的就是狗駕爬犁。狗爬犁通常為兩狗並行，亦有數狗駕爬犁的，多達二至九條，所用的狗均須肥壯。數狗駕爬犁，引路的頭狗須經訓練，因此，頭狗的價值也最昂貴。

狗拉爬犁可以說是由來已久。元代便在黑龍江地區建立三條以雪橇（爬犁）為交通工具的站赤，俗呼狗站，用以「通達邊情，布宣政令」。驛站就是用狗拉雪橇行駛於冰雪上，用以運載使者、傳遞信息、交換貨物的。「輕舟駕狗即爬犁，近制鞭將二馬揮，山路崎嶇行不得，能叫冰上疾如飛。」即是對狗拉爬犁的形象描述。其實，無論馬拉爬犁，還是狗拉爬犁，都是相當快的。「爬犁舊制似冰床，屈木為轅兩馬當。雪地行如飛鳥疾，狗車名號費猜詳。」仿佛我們乘坐在疾行如飛的馬爬犁或狗爬犁上追趕空中的飛鳥，駛向遙遠的地方。

在平原地區特別是短途運輸中，馬拉爬犁與狗拉爬犁比較，前者更便於駕馭。但在長途的山路上，須走上幾天幾夜，狗拉爬犁相比之下就體現出許多優點，所以赫哲人過去常用狗來拉爬犁。其一，狗可在雪地休息、過夜，不用人去照顧，馬則不行。其二，狗可食肉，獵人可在路上為狗獵取些食物，或帶些

食物，這些食物所占空間不大，不像馬要備上很多草料，占用較大的空間。其三，狗在翻越雪山路上可以靈活通過，而馬卻由於蹄重體大，容易陷入雪坑中難以自拔。所以狗拉爬犁是冬季的主要工具。這是多麼有趣的民俗風情，一群狗兒身上冒著熱氣在雪原上奔跑，主人的響鞭炸開了樹上的霜花，遼闊的雪野一望無垠。從前也有人用馬、鹿來駕爬犁。這些動物勁大，在老林裡行走，有耐力又靈活，而且不怕寒冷，備受這裡的獵戶喜愛。當年，爬犁除自家製作外，還有專門生產爬犁的木鋪，打製大車和爬犁，人稱「二木匠」。人們除了出售大爬犁外，還製作輕巧的小爬犁，供孩子們玩耍。

冬季的北方，並不寂寞。嚴寒的冰雪世界，充滿了樂趣。孩子們拿著這種小爬犁，爬上高坡，滑出一條雪道。那雪道晶瑩閃亮，小爬犁一放下，往往可滑出上百米遠。還有的在冬天的冰河上，用布張開一支小「風帆」，靠風力推動，小爬犁便會在冬天的冰河上行走如飛。孩子們那歡樂的笑聲，久久地迴盪。爬犁，人們親密的伙伴，已永遠地留在人們的心底。

隨著社會的進步，交通的發達，爬犁已經幾乎失去了運輸的功能，傳統的爬犁已經成為一種歷史、一種文化，成為一種民俗，貯存在人們的記憶中。但是在新興的旅遊產業中它又作為一種不可或缺的旅遊工具、旅遊民俗，而成為旅遊景點中一道亮麗的風景。

吉林文庫 A0703A04

文化吉林：舒蘭卷

主　　編	莊　嚴	
版權策畫	李　鋒	
責任編輯	林以邠	
發 行 人	陳滿銘	
總 經 理	梁錦興	
總 編 輯	陳滿銘	
副總編輯	張晏瑞	
編 輯 所	萬卷樓圖書股份有限公司	
排　　版	菩薩蠻數位文化有限公司	
印　　刷	維中科技有限公司	
封面設計	菩薩蠻數位文化有限公司	

出　　版　昌明文化有限公司

桃園市龜山區中原街 32 號

電話 (02)23216565

發　　行　萬卷樓圖書股份有限公司

臺北市羅斯福路二段 41 號 6 樓之 3

電話 (02)23216565

傳真 (02)23218698

電郵　SERVICE@WANJUAN.COM.TW

大陸經銷　廈門外圖臺灣書店有限公司

　　電郵　JKB188@188.COM

ISBN 978-986-496-243-3

2018 年 1 月初版

定價：新臺幣 360 元

如何購買本書：

1. 轉帳購書，請透過以下帳戶

　　合作金庫銀行　古亭分行

　　戶名：萬卷樓圖書股份有限公司

　　帳號：0877717092596

2. 網路購書，請透過萬卷樓網站

　　網址　WWW.WANJUAN.COM.TW

大量購書，請直接聯繫我們，將有專人為您

服務。客服：(02)23216565 分機 610

如有缺頁、破損或裝訂錯誤，請寄回更換

國家圖書館出版品預行編目資料

文化吉林. 舒蘭卷 / 莊嚴主編.-- 初版.-- 桃
園市：昌明文化出版；臺北市：萬卷樓發
行, 2018.01

　　冊；　　公分

ISBN 978-986-496-243-3(平裝). --

1.文化史　2.人文地理　3.吉林省

674.2408　　　　　　　　　　107002021

本著作物經廈門墨客知識產權代理有限公司代理，由時代文藝出版社授權萬卷樓圖書
股份有限公司出版、發行中文繁體字版版權。